【管建刚作文教学系列】

我的作文教学革命

（答疑版） 管建刚 著

海峡出版发行集团 | 福建教育出版社
THE STRAITS PUBLISHING & DISTRIBUTING GROUP

图书在版编目（CIP）数据

我的作文教学革命：答疑版/管建刚著 . —福州：
福建教育出版社，2019.10（2024.11 重印）
（管建刚作文教学系列）
ISBN 978-7-5334-8546-7

Ⅰ.①我… Ⅱ.①管… Ⅲ.①作文课－课堂教学－教
学法－小学 Ⅳ.①G623.242

中国版本图书馆 CIP 数据核字（2019）第 202962 号

管建刚作文教学系列
Wode Zuowen Jiaoxue Geming（Dayiban）

我的作文教学革命（答疑版）
管建刚 著

出版发行	福建教育出版社	
	（福州市梦山路 27 号 邮编：350025 网址：www.fep.com.cn	
	编辑部电话：0591-83726908	
	发行部电话：0591-83721876 87115073 010-62024258）	
出 版 人	江金辉	
印 刷	福州万达印刷有限公司	
	（福州市闽侯县荆溪镇徐家村 166-1 号厂房第三层 邮编：350101）	
开 本	710 毫米×1000 毫米 1/16	
印 张	13.5	
字 数	193 千字	
插 页	2	
版 次	2019 年 10 月第 1 版 2024 年 11 月第 4 次印刷	
书 号	ISBN 978-7-5334-8546-7	
定 价	33.00 元	

如发现本书印装质量问题，请向本社出版科（电话：0591-83726019）调换。

contents | 目录

总序

管建刚：教学主张引领下的作文教学革命

成尚荣

我认识"两个"管建刚。一个是"孤独"的、"沉默不语"的，他总是用稍凹的眼睛凝视着你，偶尔迸出一句话，让你沉思好一会。一个是"滔滔不绝"的，别人把话题岔到其他方面，他还会执拗地回到原来的话题上来，接着往下说。"孤独"的管建刚信了周国平先生的一句话："孤独比交往更重要。"其实，"孤独"的管建刚不寂寞，他内心一直在交往，并不安静，他只是"闹中取静"。"滔滔不绝"的管建刚，是因为他学生的作文、他的作文教学故事、他的作文教学革命、他的作文教学主张。其实，"滔滔不绝"的管建刚并不喜欢热闹，他内心是相当安静的，他信了周国平先生的另一句话："丰富的安静。"仔细想想，管建刚的"孤独"或者"滔滔不绝"，他都是在自言自语，只不过一个在心语，一个在口语。这两者的统一，就像尼采所说的，这是伟大的风格。而风格实则是人格的外在表现。

管建刚钟情地、执著地研究作文教学，但并不痴迷，并不迂腐，钟情中有一份理性，执著中有一份激情。正因为此，他的作文教学已不是一般的实践，而是一种深刻的、持久的反思；也不仅仅是一种反思，而是一种富有学术含量的研究。他是一个实践家，而不仅仅是实践者；他虽不是一个思想家，但他一定是一个杰出的思想者。实践家也好，思想者也好，他总是向你在讲故事。做一个有故事的老师是他的教育人生的追求之一。他说："我希望每天下班都能留下一个故事。"他的话印证了爱尔兰的哲学教授理查德·卡尼的一个哲学判断："众多的故事使我们具备了人的身份。"也暗含了20世纪的思想家汉娜·阿伦特的一个重要观点："特定的人类生命，其主要特点……就是它充满着最终可以当作故事来讲的事件……"我理解，管建刚喜欢故事，希望做一个有故事的老师，实质是希望做一个闪烁生命光彩的老师，一个具备"人的身份"的语文老师。于是，不难理解，他为什么把作文叫作"作文教育"，而不是"作文教学"；他为什么把自己的作文教学主张和革命当作故事来写；他为什么专门有一本书《我的作文教学故事》。故事让时间人格化了，故事让他永远在教育事件中生长思想、生长智慧、生长经验，让他永远是一个充满生动、丰富又极富思想的实践家。因而，教师们喜欢他，崇拜他，我们也喜欢他，钦佩他。

也许，说到这儿，都是一些随意的，而不是"序"。不过，一位作家说过，最好的序是读后感。随意归随意，还得对管建刚的作文教学作一些粗略的梳理。不是为了别的，而是为了在我的头脑里留下一些清晰的深深印记，以使我对作文教学有进一步的认识。

管建刚的作文教学，他自称是革命。而我认为他的作文教学革命的关键点，是他的作文教学有鲜明的、坚定的主张。我喜欢"主张"这个概念。主张、教学主张、教育主张，一定是教育思想、教育理念的具体化和个性化，是属于自己的、独特的。它是在长期实践中经提炼而形成的，比较成熟、而且比较坚定。主张是教学风格、教育风格，以至教学流派、教育流派的内在。缺乏主张的教学风格只能是一种面具。同样，缺乏主张的教学流派也只能是无思想张力的一具空壳。管建刚有自己的作文教学主张。他喜欢说的一句话是："做一个有主见的教师。"显然，在他那里，"主见"应该是"主张"的别称。的确，管建刚有自己的作文教学主张，统览管建刚作文教学专著，和他聊作文教学，发现他有一个主导思想，那就是让学生主动地、愉快地学会写作文，创造性地写作文，享受作文。首先，他坚定地认为，写作文说到底是关注写作文的那个"人"。写作文无非关涉三种人：一种是教作文的人，即老师；一种是写作文的人，即学生；一种是作文里的人。这三种人，"写作文的那个人"是关键，是核心人物，"教作文的那个人"是为了"写作文的那个人"服务的，即使"作文里的那些人"也往往是"写作文的那个人"。学生既然是作文教学中的核心人物，那么作文教学就应当是他们自己的事。反之，不以"写作文的那个人"为主体、为核心展开的教学不应视为最好的作文教学，甚至不是真正的作文教学。其次，管建刚坚定地认为写作是为了自我表达和与人交流。他说："你的学生要是不懂得'写作是自我表达和与人交流'，他们就不会知道写作的方向在哪里，他们的写作只是受命于师的作业，他们永远享受不到真正的写作快感、荣耀感和幸福感。"意思非常明白，"自我表达和与人交流"是别人不能代替的，只能学生亲历亲为亲悟亲身体验。为此，他语出惊人："他人的施舍不能解决真正的温饱"，否则，学生就成了"衣来伸手、饭来张口的孩子"，"学生应当自己去找饭吃"。他还十分勇敢而有见地地说："教材救不了作文教学的命。"谁是作文教学的"救世主"？是学生自己。只有学生才能自己去擦亮作文这颗星星。在此，学生是作文教学的主人。其重要的理论基础，管建刚认为，"学生的生活是他写作的金矿"，"每个学生的内心都有一座写作金矿"。所以，学生的作文是自己开发内在的金矿，是开发生活的金矿。而这个重要的理论基础又建立在两点上，一是学生都有巨大的可能性。用马克斯·范梅南的话来说：面对儿童就是面对可能性。不可否认，学生有自己学会作文的可能性，而且有写好作文的可能性。二是，作文是学生自己的发现，用管建刚的话来说，作文是学生自己心灵的发现。可见，唤醒学生的"心"，就是唤醒学生的可能性，就是唤醒学生的写作信心和自豪感。基于以上的认识，管建刚的结论是：作文教学同样应该贯穿"先学后教""以学定教""顺学而教"的原则。他既认为，这是作文教学的"最佳路径"，更认为这是作文教学的方向，方向偏了、错了，结果必然是"南辕北辙"。这就是管建刚的作文教学主张。可贵的是，他的作文教学主张来自他内心的发现，全是他用最普通的、平实的而又有个性的话语来表达和阐释。管建刚说的全是"自己的话"，而不是"普通话"——他开始建立自己的话语系统。

管建刚的作文教学主张也是一个系统。在"让学生主动地、愉快地学会作文，创造性地写好作文，享受作文"主张的统领下，他提出九个具体的主张。这九个主张又可分为三个层次。第一层次是"文心"重于"文字"。我认为，"文心"决不仅仅是一种技能，哪怕说它是第一技能。"文心"首先是学生写作的心灵，是心灵的苏醒，是心灵的敞开，是对美好生活的向往，是对理想的追求。而"文心"，管建刚将其聚焦在激发学生写作兴趣和写作意志上，他说：没有兴趣的写作是"死"的写作。也许还应该补充一句话：没有意志的写作是"短命"的写作。第二层次是"生活"重于"生成"。管建刚有一个精辟的观点：学生的作文不是另一种生活。意思很清楚，不要把学生的作文和学生的日常生活割裂开来。因此，"只要活着就有'写'的内容"。但是，学生不是为生活而作文，作文也不就是为了生活。当学生具有幸福的意义的时候，作文也才是幸福的。第三层次，是关于兴趣与技能、发现与观察、讲评与指导、多改与多写、真实与虚构、课内与课外、写作与阅读。必须指出的是，这第三层次的主张也不仅仅是技术性的、技能性地，同样充溢着思想和智慧。读这些文字，总觉得，管建刚的那双稍稍凹陷的眼睛在闪亮、在微笑——好动人啊。

主张导致风格。歌德说，风格是艺术家所企求的最高境界。雨果说，风格是打开未来之门的一把钥匙。管建刚追求作文教学风格，也正在形成自己的作文教学风格。以往的成就是他追求风格过程的结晶，是他用风格打开未来之门的结果。我暂无能力去分析管建刚的作文教学风格，我只想对他的语言表现风格谈谈自己的看法。

语言表现风格具有鲜明的美学特质，因此，语言表现风格是语言形式美学效果的不同而表现出来的综合特点。语言表现风格离不开语言文字，但是语言文字的背后是思想和情感。马克思早就说过，语言是思想的直接现场。风格与其说是文字的特异，还不如说是思想的力量。朱光潜说："语言是由情感和思想给予意义和生命的文字组织。"老舍说："风格不是由字词的堆砌而来的，它是心灵的音乐。"读管建刚的文章，听他聊作文教学，吸引我们的恰恰是他的"见解"，受到启发的恰恰是他语言里所蕴含的思想，我们仿佛在听他心灵的歌唱。他关于作文教学的话语几乎都是从思想深处发出来的。

管建刚的语言比较朴实，但朴实中处处有智慧的水流在涌动。他不太喜欢用华丽的语言，也许他记住了叔本华的话："形容词是名词的仇敌。"在叔本华那儿，形容词是华丽、炫技的代名词，名词则往往是实打实的质朴的别称。正是这个原因，管建刚的语言没有刻意的雕琢的痕迹，因而没有王蒙所担忧的"变成矫揉造作的危险"和"变成形式主义的危险"。没有"形容词"，并不意味着语言的呆板和苍白，"名词"也并不意味着干瘪、枯燥。他不善于用彩色的羽毛炫饰自己。翻阅管建刚的文章，处处可以触摸到他情感的温度、思想的脉动。读着读着，你往往发出由衷的赞叹：说得妙！说得好！

有学者曾把语言表现风格分为朴素、华丽、简练、繁丰、明朗、含蓄、雄浑、柔婉，以及通俗、典雅等等类型。我无意把管建刚的语言风格与以上类型去对应，给其归类，因为，他各种类型的风格似乎都有，又似乎都不像。怎么办？我不妨称其为"管建刚风格"吧。我相信博物馆学家布封 1753 年 8 月 25 日在法兰西学士院的演说中的名言："风格即是人的本身。"而且我深信，管建刚的这种风格会影响着学生的作文表达，影响着他们的风格，影响着他们的人格。

管建刚说自己要来一场作文教学革命，起初我不以为然，现在我开始了认识上的"转身"。其实，他的作文教学革命，是指作文教学要颠覆。何为颠覆？他的界定是："把正常的看作是不正常的。"他敢于否定、批判，否定、批判才会有创新，才会有革命。而颠覆、革命是为了什么，他说："不是为了轰动，而是为了震动！"我十分赞成，也十分赞赏。之所以这样，他说："作文教学不能寂寞。"他赶往何处？赶往理想的作文教学，这正是管建刚作文教学主张的动力。而理想的作文教学正在于教师自己再一次、不断地"过童年生活"。这正是管建刚作文教学主张的思想源泉。于是，管建刚，最懂得孩子，最能走进孩子的心灵，最能从孩子出发。

　　说到这儿，"两个"管建刚，实质还是一个管建刚。这同一个管建刚来自教学一线，来自大地，来自田野，来自教学现场。他在学生面前铺展开一块块土地，他用自己的心灵和汗水，让孩子寻找到种子，又帮助他们自己把种子播在田野里。是孩子给了他灵感，是田野给了他智慧，是他自己的内心生长起了真诚和勇敢，这种真诚、智慧、勇敢让他生成了"作文教学主张"。毫不夸张地说，管建刚创新着一种作文教学的理论，这种理论是那么朴实又那么鲜活、那么深刻，还那么贴近教师、贴近实践。管建刚的成长是种现象，需要深入分析。管建刚发动了作文教学革命，他正在酝酿着下一场革命。那场革命会更精彩，更让我们震动。

2010 年 2 月 12 日于古都南京

第 1 问：　"每日素材"和"小日记"，有什么不同？

河南张老师：《我的作文教学革命（实操版）》里，有一个"每日素材"，每天让学生简单记录生活中的事情，是不是可以理解为每天写一则小日记？

答：

《班级作文周报》，顾名思义，班级里每个星期都要出一期作文周报，学生每个星期都要向《周报》编辑部投稿。每个星期写一篇作文，写什么呢？这就有了"每日素材"，"每日素材"的首要目的是解决学生的"写什么"。

每周的那一篇作文，如果是双休日写，"每日素材"可以从周一到周五，每周五个素材；如果是周五在学校里写，"每日素材"可以从周日到周四，还是五个。学生的作文内容就是从五个"每日素材"里选的。

"每日素材"和简单的日记粗看起来很像，实际上，两者的差别还是很大的。它俩有以下四个不同。

（1）要求不同。"每日素材"只要写三五句话。日记呢，按理讲也不存在什么字数上的要求，然而实施过程中，一线老师一般都会有字数的规定，这个字数明显高于"每日素材"。"每日素材"，不给学生字数上的压力，不让学生觉得这是一个作业，是一个负担。

（2）作用不同。"每日素材"的作用之一，是积累作文的素材。积累素材，不用成篇，留下一个记忆的线头，几天后看到这个素材，学生能想起前几天发生的事。日记哪怕短小，往往也要五脏俱全。

作用二，配合日常作文课上的训练。这几次的作后指导课上训练写对话，这星期的"每日素材"，就写要记录的那件事中的几句对话，不用完整。这几次的作后指导课上训练写心理活动，这星期的"每日素材"，就写要记录的那件事里的一个心理活动。这几次的作后指导课训练了特写，这星期的"每日素材"，就写要记录的那件事的一个特写。学生看到这样的素材，也会想起那件事，素材的作用起到了，同时延伸了课上的训练。课上训练的一个作文知识点，有的同学能掌握，有的同学不能掌握，不能掌握的要在日常的有意使用中反复练习，掌握的也需在有意使用中走向熟练。

（3）目的不同。日记，写什么一般没有规定，想写什么就写什么。"每日素材"也有"自由型"的，随便写，然而还有"定向型""活动型""半自由型"，四种类型交替。"每日素材"还肩负起一个重要的功能，训练学生从生活中选取写作材料的能力，这是写作文的第一个能力。选材能力不是"教"出来的，而是在一天天的"用"中练出来的。每周作文的内容必须从本周的素材里选，不能临到作文了，再临时想到一个新的材料。初期训练绝不可以，目的在于强化学生每天"留心"生活、材料积累的能力。后期，学生积累素材成习惯了，作文时想到一个新的材料而不影响他日常"留心"生活了，也可以。

（4）评价不同。"每日素材"的评价，主要看这个材料是否有意思。"有意思"和"有意义"的区别很大，"有意思"是个人的、情绪的、淡化是非的，"有意义"是公共的、理智的、强化是非的。"每日素材"看重的、评价的，是材料写成作文后发《周报》上，同学们是否爱看；"每日素材"的错别字可关注也可不关注。作为老师批阅的日记，则往往像作文那样什么都要管的。

"每日素材"的评价，一开始老师主导，第二年可以学生自己打等级:认为"好素材"的,给自己打三颗星;一般的打两颗;只是完成作业,打一颗星。交上来后,学生的自我评价后面,老师再打上一个等第。学生拿回"每日素材"本,会看老师和自己的评价是否一致,老师的评价往上打了,还是往下打了。第三年,学生自己打了等级,再找同桌或相对固定的伙伴互打等级。老师每天抽查一组,打上评价。这能促进学生用自己的眼光去发现什么是有意思的素材。

第 2 问： 后进生不知道 "每日素材" 写什么，怎么办?

　　江苏魏老师：后进生的素材不知道写什么，每天都差不多，今天写老师语文催作业，明天写数学老师催作业，后天写英语老师催作业，怎么办?

　　答：

　　办《班级作文周报》要有稿子。学生每周写一篇作文投一次稿。一周一篇，这个量不多也不少。作文是一件辛苦的活儿，写作量太多会吓跑众多学生。"每日素材"每天三五句，作文则一周一篇，我实践下来，一个挺合适的量。

　　办《班级作文周报》，稿子一般不按着教材上的作文题目来：原因一，教材上的作文往往是大路货，如《我的妈妈》《我喜爱的小动物》，没有新鲜感，学生没有阅读兴趣。一份读者没有阅读兴趣的报纸，一定是一份失败的报纸。一份失败的报纸，除了倒贴钱还能得到什么？老师辛辛苦苦花了时间和精力，结果学生不愿意看，这样的《班级作文周报》肯定没生命力。

　　原因二，全班写教材上的作文，一期《周报》上近 20 篇作文都是一个食材。好比吃饭，一桌 20 道菜，哪怕都是牛肉，哪怕有的红烧，有的清蒸，勉强吃一顿可以；顿顿都这么吃，肯定倒胃口。《班级作文周报》上的作文，要靠内容吸引学生，最好的内容是同学们一起经历的、每天班里发生的，这样的事写成作文，发在《周报》上，同学们爱看：

"这不就是星期三的事吗？"

"这写的不就是你吗？"

"哎呀，怎么把我也写进去了呀？我要找他算账。"

"谁叫你欺负我的，我就要把你的糗事写出来！"

同学们爱看《班级作文周报》了，《周报》才算办成功了。

爱看有标准。课余都在谈论《周报》上的作文、作文里的事情，那就是爱看。《周报》成了学生的谈资。一篇作文好不好，本质上不是老师说了算，而是读者说了算。读者喜欢就是好作文。学生作文最重要、最妥帖的读者，应该是他的同学、伙伴，他的同龄人。

于是有了"每日素材"。

"每日素材"记录当天发生在班级里、校园里的一个事儿，周五从中选一个或有关联的几个，写成作文。这作文里时常有伙伴的名字，这作文里的事儿，小伙伴参与过，经历过，听说过，读起来自然带劲儿。

然而常有老师问："每日素材"写了三天，后进生说没东西写，中等生记了很多流水账，怎么办啊？

出现这样的问题很正常，说明真的在干了。问题来了，想办法克服了，那就有了真实的长进。作文源于生活，但作文不等于生活。生活是模糊一片的；学生要从模糊一片的生活里裁剪出一个名叫"作文"的东西来，"剪裁"是一个很重要的作文能力，一次又一次地剪裁，才能摸到其中的窍门。

生活如一匹布，要写的那个事儿，正如从那匹布里裁剪出的一件衣服。小学徒要从一大匹布里裁剪出一件合身的衣服来，要练习很多次。练的过程里，有师傅手把手地教，小学徒可以少走一些弯路。"每日素材"上，老师可以给学生以下几点帮助。

（1）老师示范。第一周的"每日素材"，老师也写，写班里的事，课上的小插曲，课间的小故事，出操的小问题，值日的小疙瘩，同桌的小摩擦……老师写好了，读给同学们听，同学明白了，这也可以写成素材，这也可以写成作文。

（2）同伴示范。早上到了班级，马上批学生的"每日素材"，选出两三个发生在班上的素材，读给学生听。听了三五次，大多数学生明白了，作文不是高高在上，也不是胡编乱造出来的，作文就是身边那点事儿。

（3）伙伴碰撞。放学前三五分钟，问问哪个同学已经留意到了今天要写的素材。请两三个已经想好了的，口头说一下，能引发其他同学的回想。同一个事，有的同学听了会有不同的看法；有的后进生也看到了这个事，参与了这个事，他们也可以写这个素材。

（4）老师手把手教。实在不知道写什么的后进生，老师多留一个心，一看到班里好玩的事、可气的事、委屈的事，马上提醒后进生，这个可以写哦，那个可以写哦，今天你就写这个吧。后进生怕写"每日素材"，往往不是不会写，毕竟只要三五行嘛。后进生找不到素材，拿着笔空想了 10 分钟、20 分钟，脑子还是一片空白，才恨死了"每日素材"。老师帮他们找到今天要写的内容，他们不怕了。第二天，老师再夸夸他们的素材，读他们的素材（后进生的素材总有不通的地方，老师读的时候可以适当调整、加工），连着几次，他们会觉得素材写好了真好，愿意写了，他们就会主动留心起素材了。

第3问：　有的学生不喜欢写"每日素材"，怎么办?

浙江申老师：班上有几个学生不喜欢写"每日素材"，不是没写就是流水账，怎么办？

答：

不是一办《班级作文周报》，所有学生马上热情高涨。高涨的是尖子生，是那些经常在《周报》上露脸的人。《班级作文周报》也好，"每日素材"也罢，一个抓手和平台而已，有了它们，老师有了"抓"得住、可以发力的东西。所谓"发力"，就是想出各种办法。"发力"前，要了解成因，学生不喜欢写"每日素材"，大概有以下五个原因。

第一，没有放低要求。"每日素材"只要三五行。三五行就"合格"，不重写；五六行给"良好""优秀"，七八行奖励一个大拇指。不难，学生就愿意了。开始，"每日素材"要自由写，不要给主题，更不要命题，要求越多越不想干，什么事都这个样的。

"每日素材"适合四、五、六年级，二、三年级不适合。二、三年级要用别的法子。二、三年级的孩子，跟四、五、六年级区别很大。写作文的那个人变了，还用老办法肯定出问题。年级越低，越要帮他们选一个实实在在的内容，低年级的孩子还不会从混沌的生活中剪取出一个作文的材料，要借助老师的眼睛。老师每天发现两三个班级故事，讲给学生听，学生选一个记下来，那是二、三年级的主旋律。二、三年级的孩子还分不清，"每日素材"可以少写一点，作文再扩展、拉长。低年级的老师办《班级作文周报》，千万不要照搬《我的作文教学革命（实操版）》，里面的操作方式都只是在高年级实践过，检验过。

第二，没有及时示范。学生的作文观念没有矫正过来前，他们还认为作文有专门的"事"，自己的那点破事怎么可以写作文。没有事情可以写，抓耳挠腮的，自然不喜欢。这个时候，老师的示范很重要也很有效。开学第一周、第二周，老师每天写素材，一定要写班级里的事情、课堂上的事情、大家都知道的事情，最好一天写两三个素材。学生听老师读出来的发生在身边的事儿，他明白了，这些都可以写入"每日素材"的。

日常在教室里，老师发现了一个有意思的事、值得记录的事，马上提醒同学。久而久之，也会有同学会在课间、课上惊呼"这个可以写素材"。老师要及时肯定"惊呼"——他学会了随时随地留心可以写下来的材料。

第三，没有及时反馈。每天要及时批学生的"每日素材"。注意，只"批"不"改"。看到错别字受不了的，顺手"改"一下也可以，但不要停下来细"改"。"每日素材"主要看材料有没有意思，值不值得写下来，写下来了大家喜不喜欢看。"每日素材"的评分，分一颗星、两颗星、三颗星，获三颗星的放在一起，发本子时表扬。学生写素材的热情不高，那更要大张旗鼓地表扬获三颗星的，要拿出时间读他们的素材。

特别好的素材，可以破例给五颗星，获五颗星的素材写成了作文，《班级作文周报》100％发表，还有希望成为"头版头条"。及时以表扬的方式反馈，既可以激励学生写素材的热情，还可以影响其他同学，优秀的素材又能打开其他同学掘取素材的视野，一箭三雕。

第四，没有跟进措施。学生为什么要写"每日素材"？因为要写好"每周作文"。学生为什么要写好"每周作文"？因为可以上《班级作文周报》。学生为什么希望作文上《班级作文周报》？因为可以评"作文新苗""作文小能手""班级小作家"。要尽快评出一批"作文新苗"，隆重地举行颁奖仪式，隆重地跟老师合影，照片发到家长 QQ 群里，这些跟进的措施做好了，学生对"每日素材"也就重视了。学生不喜欢写"每日素材"，根子是他们心里不当回事。

"每日素材"只是办《班级作文周报》的一个环节，这个环节有问题，可能是出在它本身，也可能是其他环节没做好，进而影响到了它。就像人生病，表面看起来是鼻子的问题，根子可能是肺的问题；表面看起来是眼睛的问题，根子可能是肝的问题。

第五，没有时间保障。减负减负，负担越减越重，这是谁都看得见的事实。不只学校有作业，不只家庭有作业，辅导班也有作业。语文数学英语有作业，有的地方为了强调科学的重要性，科学也纳入统考，科学也有回家作业。只要有考试，就有应试；只要有应试，作业就多。回到家，看着那么多没有完成的作业，哪有心思写"每日素材"。

这种情况，我建议"每日素材"放在学校里完成。语文老师大多是班主任，每天想办法挤出 10 分钟。早上 10 分钟写"每日素材"，放学前 10 分钟写"每日素材"，中午挤 10 分钟写"每日素材"，思品课挤 10 分钟写"每日素材"——改个名叫"每日心灵吐槽"，那不跟思想品德挂钩了吗？在班里写素材有氛围，有一定的紧迫感，学生不会拖延。拖延，只会越拖越延，越拖越怕，越拖越糟。

"每日素材"的目的，是训练学生从生活中裁取作文材料的能力。很多学生怕写作文的原因是没东西可写。每个人的生活都是一部小说。同在一个班级里的人，那些写作的尖子生总有东西写，不是他们的生活比别人丰富，而是他们有了"裁取"生活的作文能力。

我为这个提问点赞，《班级作文周报》办不好，有一些病因出在"每日素材"上。

第4问： "每日素材"改为"每日吐槽"，可以吗？

　　河南曹老师：学生每天写"每日素材"，很多老师也都用"每日素材"，我改成了"每日吐槽"，你觉得可以吗？

　　答：

　　当然可以。不但可以，我还要为这个名字点36个大大的赞。一听"每日吐槽"这个名字，我就喜欢上了，下一次带班我也要用"每日吐槽"，而不是"每日素材"。

　　一个好的作文题目会让人产生写的冲动。"每日吐槽"就是这样一个"好题目"。好名字的背后一定有它好的理由。我从曹老师那里得到证实，同学们很喜欢"每日吐槽"，吐槽的内容很活泼，很生动，很有味儿，老师看着看着就笑了。那是有原因的——

　　（1）"每日吐槽"的"吐槽"，有时代气息。儿童喜欢流行语，儿童生活在时代之中。"每日素材"太正经了，太严肃了，太古板了，"每日吐槽"脱掉了"每日素材"冷冰冰的脸庞，一下子风趣起来，活泼起来，生动起来，富有情味儿了。

　　（2）啰啰嗦嗦的话不叫"吐槽"。"吐槽"一般不会太长，三五句而已。这符合"每日素材"的要求，又符合小孩子不想写太多的内在诉求。

（3）"吐槽"的话一定通俗易懂，怎么说就怎么写，不求什么好词好句。"吐槽"的话，谁都会，谁都有。"每日吐槽"如此亲民，一见就想交这个"朋友"。

（4）"吐槽"自带娱乐。吐槽的话往往令人开心，自己写着写着也会笑出声来。当然也会"吐槽"心里的烦躁。一"吐槽"出来，烦躁往往能减轻一半。这样一个好东西，学生自然喜欢。

（5）"吐槽"往往是随意的，不负责任的，不要求理性思考、理性分析的。小孩子写作文就是这样，说说心里的真话，那真话不一定对，不一定正确。老师的话明明是对的，可我做不到，我要吐槽一下，完全可以啊，因为叫"每日吐槽"嘛。

（6）"吐槽"里有拆台、抬杠。2013 年春晚，面对李咏的询问："阿姨，您退休生活还习惯吗"，蔡明毒舌调侃："让你脸短点你习惯吗？"面对老毕的祝福："退休乐呀，阿姨呀"，蔡明辣评："满脸褶子还卖萌！"面对朱军《艺术人生》式的深情招数，蔡明冷淡回应："别煽情了，我哭不出来！"——这样的拆台、抬杠"蛮不讲理"，小学生的生活里多着呢，难怪学生喜欢。

（7）"吐槽"里有不满、抱怨、发泄。小学生作文最容易写的不是感恩，不是幸福，不是快乐，而是不满、抱怨、发泄。说穿了，成人也是。人生不如意十之八九，生活如此不易，大人心里也有很多丧气话、私房话，只是成人要肩负起社会的道义，一些不满、抱怨、发泄只能烂在肚子里，有的只能在小范围内"吐槽"一下。小学生不一样。小学生有一个特殊的权利，叫"童言无忌"。

透过"每日吐槽"，我读到了曹老师对儿童作文的理解。我相信曹老师的《班级作文周报》会越办越好，曹老师的学生会越写越想写，越写越好。最后，我们一起来看看曹老师的学生有趣的"吐槽"吧——

吐槽一：

张润坤是我碰到的最能说的同学。她从不需要用武力解决问题。一次我俩因为计分的事而争吵。我开了个玩笑说："你比老子还博学多才，你比庄子还能说会道，你比孙子都有策略，所以你可以称为'老庄孙子'。"她马上就用唾沫征服了我。

吐槽二：

我的新任同桌，这位，别看她娇小可爱，她可是一个无言的"杀手"。我说你可别被杀手金子悦的外表迷惑了，这个家伙发起火来让你吃不了兜着走。每次和她较量前都胸有成竹，每次又是战败而归。跟她们打交道要长个心眼。一不小心惹恼了人家，人家可要和你没完呢。

吐槽三：

"又出去抽烟，一天到晚哪儿都是烟味，让你戒烟就是不戒。"我正写着作业，忽然传来了妈妈的责怪声，爸爸屡教不改，又抽烟了。

"第一，对自己身体有害，到处烟味，对肝不好，对肺不好，不舒服了就会说，这疼那疼了。"

"第二，吐出来的二手烟，大人还能忍受，两个孩子还小，天天闻你的二手烟，身体哪会健康。"

"我每天忙，烦心事多着呢！"爸爸大声反驳，"平常也没什么坏习惯，就抽个烟，成天管管管！"

"每日吐槽"是曹老师的创新，我希望有更多的创新来替代我的那些"老一套"。

第 5 问： "每日素材"学生写双休日的事，可以吗？

山西贾老师：部分学生认为周一到周五的"每日素材"不精彩，双休日的事才值得写，老师要允许吗？

答：

周一到周五写"每日素材"，周五下午在学校或者双休日在家里，从一周的五个"素材"里选一个或两三个有关联的，写成一篇作文，向《班级作文周报》投稿。"每日素材"是办《班级作文周报》的重要一环——

第一，每天积累一个素材，这是训练学生发现素材的能力；一个星期下来有五个素材，学生从中选一个或几个，这是训练学生的选材能力。发现素材的能力和选择素材的能力，都是作文的重要能力，在动笔之前就要用到的能力。学生经常说没什么可写，主要是他们没有发现素材、选择素材的能力。这个能力要长期训练，要天天训练，要像练武的人、练唱的人"拳不离手曲不离口"那样去练，语言文字也要每天练的，"每日素材"可以让学生每天都跟"文字的表达"见个面，聊个天。

第二，办《班级作文周报》的头一两个月，"每日素材"就写当天发生在班上的事。原因有三：（1）便于老师指导。老师随手看到班上的事，都可以提醒学生这可以写素材。（2）便于区别真假。学生写班里的事，素材不会胡编乱造，周五或双休日的作文必须从"每日素材"里选。尤其中途接班的，前面的老师可能有意无意默许了学生编造作文，这个错误的观点一定要纠正过来。很多学生不会写作文，因为他们从一开始走上了说谎的邪路，邪路上走，是越走越危险，越走越痛苦的。素材是编造的，作文自然只能硬着头皮继续编造。老师有可能辨别不出来，作文发上了《班级作文周报》，刚办《周报》学生还不知道作文也要"打假"，那就是再次默认，而且是在《周报》上的大庭广众的默认。（3）学生都爱读跟自己有关的作文，作文里有自己的名字，不管好坏都会读得津津有味，写班上的事能大大激活《班级作文周报》的阅读量。

回头看贾老师的提问，它跟第二点里的第（2）小点相悖，学生写双休日的事，老师不知道是真是假。对于贾老师的提问，我这么理解和建议——

（1）头一两个月写"每日素材"，目的不是素材有多好有多精彩，而是端正学生的作文观念。说假话、空话、大话几乎是全国小学生作文的通病。新接一个班级，我都要求学生必须写班里的事，这样学生没法去编造。一两个月里，学生渐渐明白，原来班上的那些鸡毛蒜皮都可以写成作文，同学们还很爱读这样的作文，读后在班里传来传去的。素材意识端正了，才有下一步的写好素材、写新素材、写活素材。

（2）一般而言，班级生活要比学生的家庭生活来得精彩和丰富，毕竟有那么多的伙伴，会闹出那么多的事儿。说周末才有事好写的同学，偶一为之可以理解，每次作文都这么想这么问，肯定有猫腻，他的作文可能是假的，可能是抄的，可能是在家里根据某一篇优秀作文篡改的，他还没有养成"留心观察"日常生活的习惯。贾老师说的"部分学生"，不知是小部分还是大部分，如果是大部分，那坚决不可以。错误的作文观念——作文是特殊的日子才会有的特殊素材（周末不正是一周中最特殊的日子嘛）——纠正过来了，这是第一大事。如果是极少数的极个别的小部分，可以先答应他们几个，但要关注他们周末都写了什么，作文水平是不是出现异常的突飞猛进，如果是，那要仔细排查，是否有抄袭的嫌疑。

（3）如果小部分学生咬定了周末的事才会写、才能写好，老师可以每个月给他们一张"双休素材券"。凭这张券可以不写周一到周五的，而写周末的事情。平均而言，每个学生每个月，也就在《周报》上发表一篇作文，他真能用好一月一张的"双休素材券"，发表也能上平均量，也不亏。用了这次就没了，一个月就一次，有余地，又不给太多的余地。余地太大会消极。

（4）两个月左右，学生的作文观念改过来了，知道班里的鸡毛蒜皮都可以写作文的，知道作文跟平常的生活有着密切的关系，就可以适度放开，可以写校园里的事，可以写家里的事。这个阶段还是要关注学生作文的真不真实。毛病都是会反复的，反复了，马上收紧素材的口子。毛病好了，再放开口子。直到班上学生的作文观念完全转过来。怎么判断学生的作文观念改过来了？我的经验，有同学举报谁的作文是抄的，或改自哪一篇优秀作文的，差不多了。

"每日素材"不只是一个"素材"的问题，背后还有一个课程标准反复提的"说真话、实话、心里话"，这个问题比素材本身还要大，还要重要。

第6问：　作文不写"每日素材"里的材料，怎么办？

　　江西王老师：周一到周五写了五个素材，学生作文却不写素材里的内容，另写了一个内容，老师又不可能做到一个一个核对，怎么办？

　　答：

　　学生作文不写"每日素材"里的内容，多半原因是"每日素材"没用心写，"每日素材"只是完成了一个作业，而不是为后面的作文服务。写作文了，找不到一个有感觉的、能写好的素材，于是用了一个新想到的材料来写。这种情况发生了，处理要及时、较真，作文必须写"每日素材"里的内容，这是死规定，不能违反，也不能松口。作文不写这一周积累的素材，要重写。作文跟前几天的素材没什么关系，学生不会把"每日素材"当回事，"每日素材"会成为一个空架子，一个没有半点用处的作业。"每日素材"目的是训练学生留心观察生活的能力。"留心观察"的关键词不是"观察"，而是"留心"。一个人留心了，长心眼了，作文就好办了。

　　一方面死规定不松口，另一方面也要想办法督促学生写"每日素材"里的内容。

第一招，起始阶段，学生自由写素材，自由选周一到周五的任何一个素材，写成一篇作文，向《班级作文周报》投稿。"自由写素材""自由选素材"，起始阶段要降低难度，让学生参与进来。出现作文不写"每日素材"里的事，个别学生的话，个别教育就可以了。出现一小批人，那要采取措施，我的法子是：作文选了星期二的素材，那么学生作文的第一行要写上"我选星期二的素材"；作文选了星期三的素材，那么学生作文的第一行要写上"我选星期三的素材"……周一学生投稿后，我选稿，不太放心的学生翻到他写的那个素材，简单对照一下。有学生的作文写得挺好，但不是周一到周五的素材里的，要杀鸡儆猴："作文不错，可惜不是这一周素材里的，一票否决，不录用！"

第二招，周一到周五的五个素材写好后，周五写作文了，学生自己抽签或同桌相互抽签。同桌 A 帮同桌 B 抽，同桌 B 帮同桌 A 抽签，每次都抽两个，两个中任选一个，这样学生也会重视写素材。也可以男生派一个代表，给女生抽取一个素材；女生也派一个代表给男生抽取一个素材。形式多一点，学生不太排斥。这一期《班级作文周报》上，女生发表的作文数多于男生，女生自由选任意一天的素材。下一期《周报》上，男生作文的发表数多于女生，男生自由选任意一天的素材。至于《周报》上发表的作文数怎么一会儿男生多一会女生多？那还不是老师选了算。

第三招，确有这样的情形，双休日去了一个好玩的地方，发生了好玩的事情，学生想写双休日的事情，可双休日一般不写"每日素材"，也不能写成作文投稿，怎么办？凡要写双休日发生的事，向老师申请。这个伟大的时代，QQ、微信立马可以申请。正儿八经申请过的，造假的可能性不大。再说了，QQ、微信那可是留下"证据"的。铁定要写双休日的事，这事儿肯定更有话写，更有感觉写。我追问："双休日的材料写成作文，能跟自己发表在《周报》上的哪一篇作文相媲美？"老师的评价标准就是跟"这一篇"作比较。没有标准，没有比较，会有学生浑水摸鱼，反正我写双休日的，反正我可以钻空子。中国人最喜欢钻空子。当然，具体到学生也要灵活处理。作文一向认真的学生发来申请，相对宽松，象征性地问一句。平时作文和素材不认真的，他们来申请，把关要严一点。好比个人信用差的人向银行贷款，银行的审核就严一些；信用好得一塌糊涂的，审核手续就比较简单。

还有一点提醒，每个星期写五个素材，作文却只要选其中的一个。有的学生写了一个比较不错的素材，老师给了三颗星，他高枕无忧了，后面的素材不用心了。这有两个对策：（1）那几个投机分子的素材，周一、周二、周三不要给最高的三颗星，这样周四、周五他们也会用心地写素材。（2）做五个签，分别是周一、周二、周三、周四、周五。周五写作文，老师抽两个签，抽中周二、周四，这次作文的素材只能从周二、周四里选一个，周一、周二、周五的不能用，看你是不是每天都用心写素材。最厉害的，只抽一个，抽中周二只能写周二的素材，抽中周四的只能写周四的素材。有变化，增加不确定性，每天的素材都要留心，都要用心。

第 7 问： 新学期"每日素材"质量下降了，怎么办？

吉林张老师：过了一个寒假或暑假，新学期开学，"每日素材"明显地马虎了，没精打采了，质量明显下降，这是怎么回事？

答：

在张老师想来，休息了一个寒假或者暑假，学生一定满血复活，精神抖擞，新学期学生"每日素材"一定字迹干净，内容精彩。现实有可能完全相反。刚开学，学生还没有进入学习的状态。大人往往也如此。寒暑假后去上班，总有点头皮发麻。备课，上课，批作业，抓后进生，搞活动，写小结，填表格，接家长电话，迎接各种检查……一段时间后，进入工作状态了，人忙得像个陀螺，累是累了，奇怪，人却精神起来了。

人是一架不能闲置的机器，适当保养可以，闲置久了会生锈。

写作文跟其他作业不太一样，它要有点状态。不像数学，状态好不好对正确率影响不大。作文有没有状态，差异很大。学生进入状态了，素材好起来了；素材好了，作文质量也好了；作文好了，《周报》也精彩了。

开学第一周，"每日素材"怎样尽快进入状态？

第一招：开学第一周，"每日素材"不能由着学生东拉西扯。那么长的假期，学生懒散了，开学初要管一管，提一提。怎么提？公布一个学生感兴趣的话题。有了主题，学生的素材不会散乱；有了感兴趣的主题，写起来有精神、有状态。寒假后开学，"每日素材"的主题可以是"压岁钱去哪儿了"，可以写自己的压岁钱去哪儿了，也可以每天采访一个伙伴，写他们的压岁钱去哪儿了。暑假后开学，"每日素材"可以写"我想跟他（她）做同桌"，每天写一个，五天有五个备选同桌。语文老师多兼任班主任，等这一周的素材写好后，再调整座位也不迟，这样学生有期待，期待一周后的座位调整答案跟自己写的是不是一致。这个话题也可以改为"我不想跟他（她）做同桌"。

第二招：每天批阅学生的"每日素材"，选出三五个有意思的，见缝插针地读给全班同学听。一定要老师读。老师读可以惟妙惟肖，三分文章七分读，老师的读可以增强感染力，这个感染力就是刺激。开学的第一周，还可以每天选一两个有意思的素材，拍了照片发家长群里，一起乐一乐。只要素材有意思，肯定会有家长跟孩子聊，这也是一种刺激。

第三招：开学的第一期《班级作文周报》，可以拿出一个版面，刊登这一个星期里的好素材，发表一个好素材等于发表一篇作文。一两个星期后，学生写素材的状态激活了，这个版面可以改为"素材里的好句子"——总有学生的素材里有精彩的句子。再过一两个星期，"素材里的好句子"可以跟原来的"作文里的好句子"合并，不知不觉中回归到正常的办《班级作文周报》的流程中去了。

这三招属于亡羊补牢。最好是"牢"没有破，寒暑假里，学生的状态没有涣散。这就不能不说到"寒假专刊"和"暑假专刊"。跑步的人，天天跑，每天跑上三五公里，挺好的，身体舒服，还很有成就感。跑了一个月，哪天感冒了、发烧了，一个星期没有跑，到第八天上去跑，会气喘吁吁，跑到一半就想放弃。"三天不练手生"，什么行业都是这样的。最好的办法是不要停，不说坚持一辈子，单说我们带班的那几年，

《周报》尽量不要停，"每日素材"尽量不要停。

寒暑假有三个月，三个月都办了寒假专刊、暑假专刊，学生都在写，都在发表的激励下写，比较有质量地写，作文能力肯定比别的班强，一年多写了三个月，几乎相当于大半个学期啊。并且，这种"写着的状态"保持到开学，开学的素材马上能进入状态。假设开学写素材的状态要用两个星期预热，一学年两个学期就有四个星期，相当于一个月用来预热。寒暑假专刊，不只赚了寒暑假的三个月，还赚了开学的一个月，越想越合算是不是。

第8问： 怎样用"每日素材"帮后进生写好作文？

湖南汪老师：学生每天写"每日素材"，周五选一个素材写成"每周一稿"，请问如何用"每日素材"指导后进生写好作文？

答：

"每日素材"解决"写什么"的问题，而不是"怎么写"的问题。不要以为有了"每日素材"，后进生的作文马上变成了优等文。除非，后进生写了心里特别的委屈、特别的愤怒、特别想倾诉的话。有一次，某区教研室进行调研，结果好几个学校的分管校长打电话给教研员，说这次奇了怪了，每个班都有平时作文不怎么样的，得了高分。原来，那次的作文命题是"我不想……"，这个题目直指后进生的心窝，他们太有话说了，当然写得好。

但是，不是每一次作文，学生都能找到这样的情绪饱满的素材。并且，不是每个学生都能勇敢地、不管不顾地写出来。大多数学生是写着写着写多了，写着写着写顺了。激活学生的作文动力，不是说今天激活了就有神奇的效果，而是在激活的状态下写了一阵子，效果出来了。这个"一阵子"不会太长，一般不会超过一个学期。

　　选好了"每日素材"，作文却写不长，有三个建议供参考。

　　（1）学生的作文一般有字数要求。所带班级基础不好，那要降低字数的要求。四年级接班，作文字数一般300字，我跟学生说只要240字。学生一听乐了，没有压力了。但我有一个附加条件，第二篇作文要比第一篇多5个字，第三篇要比第二篇多5个字，第四篇要比第三篇多5个字……每次进步5个字，学生能接受。字数要求，也要"小步子、不停步"。下一篇作文比上一篇多5个字，一个学期20篇，多了100个字，一学期后340字了，四年级下学期结束，440字了。作文基础很不好的班级，四年级开学只要200字，每写一篇增加3个字，一年后，作文字数320字，五年级440字，六年级560字了。

　　（2）可以写连续性的"每日素材"。这个星期一到星期五，连续写"课堂上的笑声"；下个星期一到星期五，连续写"课间百态"。每天的素材都围绕一个主题，周一到周五的素材稍作串联就是一篇作文了。"每日素材"以80个字来计算，五天有400字。作文只要串联起来，不连贯的地方加几句连起来，作文好了，字数过关了。字数问题是后进生的温饱问题。解决温饱问题不是小事，而是大事。13亿人口的中国解决了温饱问题，那是世界级贡献。"连续记录"有两种形式：一，哪一件事、哪一个人，老师要帮后进生找出来，如"连续记录"教室里的笑声，每天一个"笑声"，作文有主题、有主线了。运动会、文艺节、阅读节等都可以用来做"连续"的"每日素材"。二，老师给一个连续记录的主题，学生每天去做，如"每天让妈妈笑一笑""每天多做一点点"，做了以后，再记录下来。不要以为作文的指导必须正儿八经地上课，用"每日素材"降低写作文的难度，这就是很好的指导。从"每日素材"到作文，基础差的学生有困难，我只要他们写连续性的"每日素材"，其他同学不用。我常很神秘地召集怕作文的学生到办公室，神秘地问他们要不要一个能把作文轻松写长的秘笈。

　　（3）要进行作文技巧的训练。中年级可以进行"对话训练"，让学生学会写对话，作文字数不是什么难事，只要让作文里的人多说说话。高年级可以进行"敏感力训练"。很多学生写作文干巴巴的，没有几句话讲。那是他们不知道要写内心的话，他们不知道人的内心世界的话比眼睛看到的、耳朵听到的还多。这能解决学生作文的字数问题，详情参见《我的作文训练系统》或《我的作文教学六讲》。字数问题是学生作文的温饱问题，只有解决了温饱问题，才能进入审美。对"每日素材"扩写成作文有困难的学生，千万不要用"吃得好"去要求他们，先让他们"吃饱"，不挨饿就是巨大的胜利。

（4）100字拉长到400字，要示范给后进生看。第一种示范，老师自己写"每日素材"，自己根据这则"每日素材"写成一篇文章，素材和文章都给后进生看，让他们琢磨怎么拉长的。第二种示范，可以在《班级作文周报》上发优等生的作文和最初的那个"每日素材"，请学生看看优等生是怎么拉长的，课上还可以请优等生说说自己"拉长"的秘诀。第三种示范，后进生单独辅导，老师选取一个后进生的素材，手把手地教他这里可以拉长、那里也可以拉长。教了一个，再教第二个。示范几次，后进生也会找到写长的奥秘。

"每日素材"可以看成后进生写作文的一根拐杖。作文路上用好这根拐杖，可以减少后进生的颠簸、摔跤和害怕。关键是"用好"。同样的失眠，凌晨1点到3点醒来的，往往是肝脏弱，凌晨3点到5点醒来的，往往是肺弱，表面看起来都是失眠，辨证施治来讲却有很多的不同。后进生用"每日素材"这根拐杖，跟优等生不一样，要注意以下三点。

第一，成人眼中的世界和儿童眼中的世界不一样，后进生眼中的世界和优等生眼中的世界也不一样。后进生的"每日素材"里也许是些不上档次的破事，什么厕所里的见闻，什么美术课上给插图画眼睛，什么音乐课上藏了同学的音乐书……这些就是他们最真实的生活，也是他们最兴奋的生活，要允许后进生写他们最熟悉的生活。打一个很不确切却很能说明问题的比方，你让小偷写他怎么想办法偷到一个皮夹，他不觉得难；你让小偷写他怎么拾金不昧的，他会瞪着两只眼睛不知道怎么写。后进生的"看法"往往带着灰色情绪，还很有可能是不正确的，这都不要上纲上线。我们不同意后进生的看法，但我们要捍卫后进生说话的权利。只要是他自己真这么想的就可以，只要有了真实的情绪，作文的字里行间就有了生机、生趣。也不要用"正确不正确"来为难后进生。后进生的"看法"跟优等生不一样，跟老师不一样，不要用道德绑架后进生，后进生老觉得自己的所思所想都是不对的，写出来是等着老师来收拾的，那他们肯定再也不愿意写了。很多时候，只要后进生愿意写了，觉得写作文不难了，他们的心情好了，内心阳光了，你所担心的"不健康"也随之湮灭了，并且，作文也越写越好了。理解后进生，让后进生写后进生的生活，这是在技巧之外的，却是比技巧更重要的作文指导。

第二，不要去纠缠后进生写了多少个错别字，也不要去纠缠他订正了多少个错别字。没有那么多错别字就不叫后进生。"每日素材"的那三五句话里有没有错别字不重要，有没有病句不重要，重要的是他每天都用自己稚嫩的笔记录了一个素材。"每日素材"的根本目的是每天积累一个作文材料，实现了这个目的就是好。千万不要用错别字、病句、字迹潦草来为难后进生，保护好后进生每天写素材的动力，比什么都重要。后进生连每天三五句话的素材都觉得头疼，后面的写作文那就是从头疼到脚。一个人浑身上下都疼的时候，还能学什么呢？老师教什么都没有用。让后进生有写的信心，这就是最好的指导。

第三，批阅后进生的"每日素材"，老师最好能回应上一两句话。回应什么？回应他素材里表达的情感和观点。回应要尽量站在他的立场，"你太可怜了""下次我帮你一起出气""不要哭了，我们一起开心地过好吗"，这些温暖的回答，会让后进生爱上写"每日素材"。过了两个月，我们也可以在素材的后面提一个问题，让后进生明白，这个地方还可以写几句话。后进生自己想着添加了，老师马上表扬；后进生没有想添加、订正，也不要紧，到写作文了，自然会去看，自然会补上。订正，是后进生最无奈的苦差事；作文，是后进生最痛苦的苦差事。这两个苦差事，尽量不要撞到一起。撞到了一起，你让他们还怎么活啊！

第四，要用好《班级作文周报》激励后进生。作文后进生不会只有一个，三五个、七八个都有。既要抓小 A 小 B，又要小 C 和小 D，结果一个也没抓住。小 A 小 B 小 C 小 D 相互看看，彼此彼此，他们还是在同一个名叫"后进生"的战壕里，会心一笑，继续巩固他们的统一联盟。后进生成了联盟就很难突破，就像一根筷子很容易折断，一把筷子就难了。后进生会相互"帮助"，会相互"打气"，打足了气继续跟老师斗。后进生抓"一个"，转"一个"；抓住了"一个"，转成了"一个"，其他三个就有危机感。抓住了小 A，小 A 成功转型了，小 B 小 C 小 D 一看，不好，联盟破坏了，"后进生联盟"不可靠了。转变后进生，不只是一个战略问题，也还是一个战术问题。军事上，防线只要被撕开了一个口子，那么整条防线就没有意义了。转变后进生，不只是肯干、愿干的问题，还有巧干、妙干的问题。确定了一个后进生，怎么"抓"呢？去年，我们工作室进行了一个实验，叫"激励的力量"。实验要求：（1）选择一个后进生。（2）没有底线地在《周报》上发后进生的作文。（3）没有底线地表扬后进生的作文。（4）尽可能地满足那一个后进生所需要的帮助。（5）每周记录这个后进生的故事不少于 500 字。（6）一学期或一学年后整理所写下的关于这个后进生的故事。一年后，大家的教育叙事很感人，很振奋人。凡是坚持做下来的，都有效，还是很有效。后来结集出版了《作文后进生，我们有办法》一书。为什么很有效呢？因为"抓一个"，撕开了一条防线，就能取得战斗的胜利。抓一个，就有足够的时间和精力，去"融化"那块坚冰。"融化"一定是温暖的，要发表和表扬；融化一定是持续的，要"无底线""无原则"。

第9问："每日素材"和"每周一稿"各写一个本子好吗？

安徽黄老师："每日素材"写好后，每个星期都要写一篇作文，名叫"每周一稿"，就是向《班级作文周报》投稿的。请问，"每日素材"和"每周一稿"分开写在不同的本子上好，还是写在同一个本子上好？

答：

我们的"每日素材"和"每周一稿"，都写在小32开的练习本上，练习本一般30页。"每日素材"和"每周一稿"写在同一个本子上，好处在于：

（1）小32开的本子，光写"每日素材"，一个月写不完。"每周一稿"也写在这个本子上，学生稍微用一把力，一个月都能写完一个本子。当月写完一个本子的同学：一，可以免费领取第二个全新的本子，拿到新本子的同学会有一份成就感，写作的量的突破，能显性地看到自己的努力、自己的进步；二，可以获得"优先刊用卡"，还能获得500分的"积分"奖励。

（2）学生的"每周一稿"，必须从"每日素材"里选取材料，这样能培养学生每天留心身边的事的习惯。起初，也有学生来问我，不写

"每日素材"里的可以吗，双休日刚发生的事更好写。我不答应。这会导致学生马虎应付周一到周五的"每日素材"，无法培养他们在日常生活中发现作文素材的本领。而这个本领是先于"写"本身存在的。想"写"，而没有发现素材的本领，作文也会惶惶然。"每日素材"和"每周一稿"写在同一个本子上，能有效监控学生作文是否用了这一周"每日素材"里的材料，往前翻一下就知道了嘛。也有的同学顶风作案，偏不选"每日素材"里的材料，你老师难不成每次都一页一页地查？针对这种情况，我要求学生作文的第一行写："这次作文的素材选自星期二""这次作文的素材选自星期四"，如此，少有学生捣鬼了。久而久之，每天留心素材成为习惯，每天发现素材成为能力。

（3）"每日素材"和"每周一稿"写在同一个本子上，能催促我这个老师，每周的选稿必须当天完成，不能过夜，不能欠账，学生每天都要带本子回家写素材的。每个星期一的选稿是累一点，不欠账、不过夜的习惯养成了，反而轻松；不像以前批作文，一直压着，压在心头，看到那一叠作文本心头阴沉沉的，慌慌的。最苦的日子是欠账的日子。

"每日素材"和"每周一稿"分开写在不同的本子上，也有好处：

（1）"每日素材"和"每周一稿"写在同一个本子上，老师选稿子必须当日完成，放学前必须把素材本发下去。分开写在两个本子上，学生上交"每周一稿"的本子后，老师可以慢慢地选，学生放学回家了，老师相对空闲了，再好好地选。周一选稿，双休日的作业也要在周一批改，周一学校往往还有全体教师会，当天不一定来得及选好。分开写在两个本子上，实在忙，选稿不能在当天完成，也不耽误事。

（2）要写"每周一稿"了，先打开素材本，选好了素材，素材本可以摊在面前，作文写在另一个本子上。分开写在两个本子上，选好了素材，可以在那个素材上标注哪里详写，哪里略写，哪里要有特写，这等于有了一个作文提纲。"每日素材""每周一稿"写在同一个本子上，有的同学写一会，翻到前面去看一会"素材"，思路被打断。

（3）以前，有同学录用了作文，家里没有电脑，或者自己不会输入，家长又帮不上忙，只好请班上的打字高手帮忙。打字高手要带"每周一稿"的本子回去，写在同一个本子上，打字高手带走了，那个同学"每日素材"没法写了。分开写就没这个问题。

"每日素材"和"每周一稿"，写在同一个本子上还是分开写在两个本子上，各有利弊，看班级的实际情况、老师的实际情况。

补充说明两点：

第一点，"每日素材"和"每周一稿"写在同一个本子上，五、六年级可以用小 32 开的本子，也可以用大作文本。大作文本看起来很大，却都是方格，字数不多，一个月写完一本没问题。

第二点，三、四年级可以用小作文本，一个月也可以轻松写完，有成就感。考试作文都写在方格里，题目要居中，每一节开头空两格，标点符号不能写在每一行的第一格，这些要求得不到练习，考试容易出错。三、四年级在小作文本上写"每日素材"和"每周一稿"，能解决这些看似简单，却也要练习的问题。

第 10 问： 刚办《班级作文周报》，手忙脚乱 怎么办？

山东朱老师：光编辑一张《班级作文周报》，我花了四个小时。还有选作文，批"每日素材"，才出版了三期，感觉心力交瘁，快坚持不下去了。怎么办？

答：

编排一张《周报》怎么会花了四个小时？我有点不相信，要来朱老师的《周报》，彩色的，很好看。我说，朴素一点，黑白的，版式尽量简单，简单的朴素的才能长长久久的。一个星期后，朱老师又说，黑白的《周报》也花了一个多小时。

我说，你是新手，老手可以省掉一个小时，只要个零头。

新手，简单的事也会手忙脚乱。好比开车，无非油门、离合器、方向盘、挡位、刹车，再加个转向灯。就这么几样东西，新手焦头烂额。老手开车，太小儿科了，根本不费劲儿，一边开车一边听听音乐，一边开车一边跟旁边的人搭上两句，一边开车一边调了个电台，开车不是个事儿，开车是享受。油门、离合器、方向盘、挡位、刹车，就那么点事儿，却能整得新手汗流浃背。

前 10 期的《班级作文周报》，都会累得你干不下去了，为什么？你是新手，你的学生是新手，你的家长是新手。成了老手，编辑、排版那是小菜一碟。学生作文发过来后，编辑一张《班级作文周报》，一个课间搞定，慢一点 20 分钟。第 11 期的《周报》，只要用第 10 期《周报》的模板，用第 11 期的作文替换掉第 10 期里的作文，稍作编辑就行了。新手不行，不知道哪里分栏，不知道哪里调行间距，不知道格式刷的妙用，不知道哪里找特殊符号……编辑了一个学期，20 期《周报》下来，熟能生巧了，速度快了。就像刚学骑自行车，车子歪歪扭扭，速度很慢。骑了一段时间，熟练了，车能飞起来。选作文，老师也是新手，不知道怎么选能更快更好（详见本书《每周的选稿工作量大，怎么办？》）。批"每日素材"，老师也是新手，不知道怎样给五角星，不要改什么错，给五角星也不是非要看质量，写得长就给三颗星，字迹不工整的这次工整了，也给三颗星，学生几次没得三颗星那就给一次呗，又不是花钱的事儿。

学生也是新手。学生不能熟练地输入文字发给老师；学生不知道要准时（最好提前）发送作文给老师，不然会为他一个人拖了整张《周报》的出版时间；学生不知道发给老师的作文，应该先写题目，紧接着写作者的姓名，有的学生没有写姓名，老师收到后还要去查问这是谁的；老师有点空余想要选稿了，却发现学生的作文还没有交过来……家长也是新手。家长也不清楚在《周报》上怎么配合老师，不清楚什么时候发作文、怎么发作文、发到哪里，等等。在《班级作文周报》上，学生和家长都是老手了，能熟练地配合老师了，知道星期一准时投稿，周二周三及时发作文到老师的 QQ 邮箱，发给老师的作文按照《周报》上发表的格式……那个时候，办《班级作文周报》顺手了。刚开始办《班级作文周报》，觉得"焦头烂额"正常。"焦头烂额"要持续多久呢？要看这一段时间里老师是怎么做、做到什么程度。老师重视了，和学生、家长磨合期就短；反之，就长。我的经验，10 期以后的《班级作文周报》比较顺了。一个学期后，很顺很顺了。

一些语文老师既办《班级作文周报》，又写所谓的大作文、小作文，工作量肯定大，肯定累。怎么办？说说我的故事。第一年办《班级作文周报》，学生也写大作文、小作文，我也要眉批总批。每一期《周报》出版后，都请学生送给校长室、教务处，一年后，校长、教导主任看到了《班级作文周报》的成效，我才对校长、教导系主任说，大作文、小作文都是从《周报》上抄下来的，学生作文的进步来自《周报》，从而争取到了学校的支持，允许我好好办《班级作文周报》，不用再按着教材必须要写大作文、小作文了。

好好办上一年的《班级作文周报》，办出了成效，然后伸手要空间。有了空间，越做越顺手，越做越好。空间是干出来的，肯干的老师才是校长放心的老师，才是校长给空间、给政策的老师。千万不要坐在椅子上等，等校长给你空间了，才去做教育改革。机会和空间不是等来的，而是干出来的。

第 11 问： 学生不及时发作文电子稿，怎么办？

安徽许老师：我选好了录用的作文，要求学生星期四前发电子稿，周五出版《班级作文周报》。学生说作业那么多，没有时间输入电脑；家长说他也很忙，没有时间帮孩子输入。怎么办？

答：

刚开始办《班级作文周报》，很有可能遇到这个问题。怎么破解？

（1）用好现代化的工具。以前文字输入必须用电脑，必须一个字一个字地输入，现在可以用讯飞语音输入。学生读流利自己的作文了，对着手机读一遍，正确率95％，十分之九的输入工作完成了。学生和家长还以为输入要花很多时间。中国的成年人平均花在手机上的时间为3.54个小时，家长用讯飞语音输入不过15分钟。学生作业多，可以请家长来帮忙，要提前跟家长沟通好，告诉他们，办《班级作文周报》，发表学生的作文，能有力地激励学生，作文一发表，学生会很受鼓舞。

（2）让学生和家长看到《班级作文周报》的神奇力量。学生和家长以为在《班级作文周报》上发表作文，就像贴在班级的"学习园地"，就像在班里读一下作文。怎么让家长和学生看到《班级作文周报》的神奇力量？——《班级作文周报》正常出版了三四期，评出第一批"班级作文新苗"，学生就重视了；学生重视了，家长也就重视了；学生和家长重视了，什么忙啊、什么作业多啊，都不是事儿了。学生没把在《班级作文周报》上发表作文看成第一重要的"作业"，才说作业多、没时间。有一天他看成"第一重要"，时间不是问题。"第一重要"的事情都有时间完成的。后进生那么多没完成的作业，他们照样能挤出时间玩，那是他们把"玩"看成最重要的事。要让学生把《班级作文周报》看成"第一重要"，也不难，老师把办《班级作文周报》看成"第一重要"，就这么简单。

（3）学生和家长不重视，最好的办法是老师重视，老师高度重视。老师重视到什么程度？重视到别人也来重视的程度。一期《周报》录用了 15 篇或 18 篇作文，学生能自己输入的总有一半吧。剩下的七八篇，请小作者在学校里输入，一个课间找一个小作者来，用老师的手机讯飞语音输入。每天三四个学生排好序，对着手机读一遍，改一遍，10 分钟搞定。读后来不及改的，老师帮忙。七八个学生的七八篇作文，两天完成了。时间嘛，挤一挤总有；有老师看着的"挤一挤"的时间，学生更有。后进生实在没时间，课间要订正这个作业、那个作业，补这个作业、那个作业，那我们老师替他输入。

学生和家长不能及时输入作文、发作文过来，那是他们遇到困难不去面对，不去破解。这也正常，别抱怨，抱怨只会更糟。办《班级作文周报》，老师遇到了困难，面对困难，破解困难，坚持下来了，学生和家长看到了会受感染，会来支持你。老师遇到了困难，不去面对，不去坚持，自然也没资格去埋怨学生和家长，埋怨了没用。别人不大会为埋怨而改变，别人会为感动而改变。2000 年我在农村小学办《班级作文周报》，学生家里没有电脑，一台也没有。学生作文都在学校的微机房里输入，也没有网络和 U 盘，用 3.5 英寸的软盘，学生不知道怎么存储，有的储存好了，盘坏了——软盘很容易坏。盘坏了，机房电脑里输入的文字又自动删除了。我还是坚持下来了。老师坚持了，学生也坚持了。办了一个学期，老师有成就感，学生也有成就感，往下就顺了。

每个人都有闲暇时间，国家领导人也有运动的时间，也有疗养的时间。要争取学生和家长的时间。最好的"争取"，是我们不间断地付出。

所有的付出都会有回报的。常人总希望今天付出，明天回报。办《周报》需要你付出一个学期，第二个学期就有人站出来支持你了，比如校方，比如家长，比如学生。

第 *12* 问： 文字输入、修改都由家长代劳，怎么办？

北京刘老师：开学一个半月，出了六期《周报》，孩子爱读《周报》，在发表的驱动下写素材、稿件也认真。作文录用后的电子稿，多是家长输入的，修改也往往由家长代劳，怎么办？

答：

我回答刘老师，请及时跟家长们沟通，作文让孩子用手机语音输入，操作要点是：

（1）孩子大声朗读自己的作文三遍，读流利了，家长再给孩子手机，手机语音输入的正确率就很高。手里拿一支笔，大声读自己的作文三遍，有什么疙瘩不顺的地方，可以马上改过来。

（2）作文输入后，小作者要从头至尾看上一两遍，语音软件的识别率一般在 90％－95％，"的""地""得"以及标点符号要强烈关注。

（3）读流利了，3 分钟朗读，语音输入，7 分钟修改。10 分钟搞定，收回手机。听到孩子读自己的作文有疙瘩，家长不要给手机。语音输入了，中途听到孩子读得疙瘩，也收回手机，读流利了再给。流利朗读自己的作文，既培养孩子的朗读能力——自己的作文都读不流利，课文能读流利吗；也培养孩子的语感——在朗读自己即将发表的作文中咀嚼回味，能有效锻炼语言的感觉；还能培养孩子的修改能力——朗读是小学生最经常最重要的修改方式。

刘老师看了建议，回：我把您的做法全部转给家长们。之前我只是建议了一下，没有具体说明白，问题在我。这样实实在在地做，我的困惑就解决了！

刘老师的态度真好。我相信刘老师一定能解决好这个问题。

不过，这个时候的沟通，已经属于被动了。每个人的心里，都不愿承认自己做的是错的。每个家长都会找理由说，帮孩子输入文字是必须的，孩子有那么多作业，孩子还有辅导班，今天实在有特殊情况……家长和老师之间的不少摩擦，都是没有做好"事前沟通"导致的。出现了问题，只好急急忙忙地事后沟通，事后沟通只能算亡羊补牢。我也不认为家长和老师之间有摩擦就是坏事情。作文教学上，没有"事前沟通"，跟家长又从不起摩擦的老师，那也许倒是个问题。那说明作为专业的教育工作者的老师的作文观，跟非教育专业的家长的作文观，处在同一个层面上。

办《班级作文周报》，做"作文教学革命"，不少地方跟以前的作文教学不一样，而家长们都是在"以前的作文教学"的方法和观念下长大的，不理解在所难免。刘老师提到的"文字输入"，家长小的时候没遇过，不知道"文字输入"不只是"文字输入"，后面还有这么多道道，自然不会心悦诚服地支持与配合。

办《班级作文周报》，至少还有两件事一定要"事前沟通"。

第一件，关于"'我的书'装帧设计大赛"。每个学期结束后，"每日素材本"要合订在一起，装帧成一本"我的书"。有一位老师，寒假布置装帧"我的书"，遭到了家长的投诉，投诉还发在了当地关注度最高的论坛上。家长说，老师是不是吃饱了没事干，居然让孩子把作业本装帧成书，还要封面设计，还要定价和条形码。

事前沟通了，就不会有这样的不理解。事前，我常跟家长讲这么一件往事。

15 年前，我在农村教书，每个学期也装帧"我的书"。我担心农村的家长不重视这些"土书"，毕业的时候，我跟学生说，你们愿意的话，这些"土书"可以放在管老师这里，等你们长大了跟我要回。学生陆陆续续结婚，有请我去喝喜酒的。有一对新人都是我教过的，要我去喝喜酒，还要我当证婚人。证婚人带点什么礼物呢？我想到了那些用针线缝起来的"土书"。两人有8本"土书"，约40万字。我去名片店"胶"了一下，"切"了一下，保留原来他们小时候画的封面。带着这8本"土书"来到婚礼现场，引起了轰动，大家不相信这是真的。15年后，大家都感受到了"土书"的价值。我把"书"放到新娘手上，跟新郎开玩笑：今天晚上你的日子会很不好过，我浏览了一下你的每日素材和作文，小时候你隔三岔五地说新娘是一只地地道道的母老虎。

这个故事一讲，家长们哈哈大笑，肯定不会投什么诉了。

第二件，关于"儿童之间的笔战"。"作文教学革命"倡导的作文教学理念是"说真话"。小孩子"说真话"，不像成人那样顾及当事人的感受，尽量说圆润些、妥当些。小孩子说真话，想说什么就说什么。有了《班级作文周报》，这些"真话"会有很多人看到，包括家长。家长不理解，你老师怎么可以发这样的作文，那不是在侮辱我的孩子吗。

倪老师遇到过。一学生写了作文《活该的钱晓浩》，钱晓浩的家长非常生气，写作文的学生不懂事，你老师也不懂事？居然发这样的作文，我要去教育局投诉你。倪老师心平气和地跟家长做了沟通，终于获得了家长的理解。要不是倪老师有经验、有情怀，遭遇了这样的事，也许彻底垮下来了：我好心好意花了那么多的力气办《班级作文周报》，得到的居然是这样的回报，于是流着泪说，再也不想做什么新花样了。

事情的防治很简单，事前沟通嘛。带一个新班，第一期《周报》出版后，在QQ群里开一个QQ家长会，给家长看几篇以前学生写的作文。不涉及自己娃的作文，哪怕火药味很浓，哪怕说妈妈是母老虎，说爸爸是妻管炎，家长们都乐呵呵的。然后我说，以后我们的孩子也会写这样好玩的作文。孩子间的鸡毛蒜皮，我们大人看着乐就行，不用插手。真有什么过分的，我也会在《周报》出版后跟踪和引导，这才是贴着儿童的真教育。

两个孩子打架，大人不插手，下一节课就是又勾肩搭背了。大人一插手，哼，双方三天三夜不搭理。我说，学校里，两个孩子打架，正常；两个老师打架，那叫新闻。成人世界，记仇；儿童世界，不记仇。孩子间的作文斗争，若干年后同学聚会，都是美好回忆。

事前沟通，叫"打预防针"。下次出了什么状况，打了疫苗的家长承受力强些，不要强很多，只要强上三分钟，忍住三分钟。很多矛盾是家长一时的冲动。事前沟通，家长很舒服，因为得到了老师的尊重。每个人的内心深处都希望得到尊重。

第 13 问： 国庆假期来了，《班级作文周报》 怎么办？

浙江俞老师：马上要国庆节了，《班级作文周报》是继续办，还是可以停一周？

答：

2018 年 10 月 1 日到 10 月 7 日，周一到周日放国庆假。

开学到现在，刚出了两期《班级作文周报》，分别是 9 月 14 日周五、9 月 21 日周五（也可能 3 期，9 月 7 日周五用学生的暑假作文编辑出版）。刚正常出版了两期，马上遇到国庆七天长假，前后会影响三期《班级作文周报》，一定要注意。

9 月 28 日周五会比较忙，除了日常的教学工作，还要排版、印刷，放学前正常出版上周学生投稿的作文，即第三期《周报》。

28 日上午要学生当堂完成这个星期的作文，下午马上选出录用的作文，这次不分初选和终选，都直接终选录用。放学前宣布录用名单，周五、周六晚上学生输入文字，30 日（周日，补下周四的课）出版第四期《周报》，学生带回家，国庆期间阅读。

10 月 1 日到 5 日，正常写"每日素材"；10 月 6 日完成"每周一稿"。10 月 8 日周一，按原有的节奏，选出第五期《周报》录用的作文。考虑到国庆期间的回家作业堆积在一起，10 月 8 日工作量很大，我常要求学生 10 月 6 日晚上发来电子作文，10 月 7 日我在家里完成选稿，8 日长假后的第一天可以轻松不少。反正是自己的活儿，在家里和在学校一样，一个"干"字。

10 月 6 日晚上学生发作文的电子稿，有两个好处：（1）没发过来的，7 日还可以催一下，要催的毕竟是少数。催过来的作文一般不再拥有录用资格，只是完成一个作业。家长带孩子外出旅游之类，导致不能及时发送的，另当别论。（2）国庆期间，7 天的假，语数英三门主科的老师，都布置了一周的作业，后进生没有时间观念，没有计划性，玩了再说，到假期最后一天，一看还有这么多作业没做，完了完了，再也来不及了，索性躺死。作文又是他们最头疼的，8 日上学才知道他作文没写，补死他不说，质量必然一塌糊涂，写跟没写本质上一个样。小家伙的心情不好，老师的心情也好不到哪里去。

国庆前的两期《周报》正常出版了，国庆前后的那期《周报》又正常出版了，学生就会比较看重《周报》，这不是闹着玩的，老师如此重视。国庆假期里学生的作文能按时完成投稿，后面的路容易走了。

再如 2015 年 10 月 1 日是星期四。9 月 30 日周三后放国庆假。前面 9 月 11 日、9 月 18 日、9 月 25 日出了三期《周报》，原定周五出版的第四期《周报》，要提前到 9 月 30 日周三出版。10 月 1 日星期四，10 月 2 日星期五，按照以往的要求，周六周日要写好作文，发我电子稿，我在 3 日到 7 日里完成选稿、排版，10 月 8 日周四一上班就印刷《周报》，学生一上学就能拿到新一期《周报》的修改样张，10 月 9 日周五正常出版第五期《周报》。

10 月 5 日周一开始要正常写"每日素材"，到 10 月 9 日有五个素材，又可以写稿件，为第六期《周报》做准备了。

刚开始办《班级作文周报》，国庆节不停刊，这会让学生看重《周报》。以后的国庆节、元旦、五一节都不停刊，学生会更看重。

国庆节放假一个星期，节后有两期《周报》来不及讲评。没什么特殊情况，两期《周报》合在一起讲评。时间不够，可以占用一下早读课，早读课连带一节语文课，也差不多了。

第 14 问： 每期《班级作文周报》发多少篇作文为宜？

浙江于老师：《班级作文周报》上发表的作文越多，受到激励和鼓舞的学生也越多，《周报》应该尽量多发学生的作文，对吗？

答：

一期《周报》发多少篇学生的作文？有老师会说，越多越好呗，多发一篇多激励一个学生啊。也有老师会反对，不好的作文也发，《班级作文周报》起不到引领、领航作用了，宁缺毋滥。两种意见似乎都对。请看下面9位初办《班级作文周报》的老师，他们的《周报》的发表篇数和录用率如下——

班级人数	发表篇数	发表比例
39 人	6 篇	15.4％
38 人	10 篇	26.3％
44 人	12 篇	27.3％

37 人	12 篇	32.4％
36 人	15 篇	41.7％
38 人	16 篇	42.1％
43 人	22 篇	51.2％
46 人	36 篇	78.3％
43 人	35 篇	81.4％

发表率高的达 81.4％，低的只有 15.4％，前者是后者的五倍多。是否发表越多越能激励学生呢？不是的。第一期、第二期，高发表率会激发学生的作文热情，然而发表率太高了，发表太容易了，学生会不珍惜，作文会不用心。80％以上的学生都能在《周报》上发表，优等生和中等生随便写都能上，"随便写"自然不会有进步。15％的发表率又太低了，一个月下来，只有 60％的学生享受了发表的快乐（那还是排着队的，人均一次的理想算法），两个月下来肯定还有学生没上过《周报》（理论上 120％的人发表了，实际上不可能平均）。两个月是什么概念？半个学期。半个学期上不了一次《周报》，老看着别人上，刚开始羡慕中还有点嫉妒的动力，后来连羡慕都没有了，对《周报》越来越冷淡了——别人的发表就是对自己的无情打击。一期《周报》上发作文的人太少，好比吃饭的桌子太大了，人只有三五个，形不成气候，吃不出气氛，发《班级作文周报》时不会有欢呼声，不会有结伴而来的询问：老师，《周报》什么时候出来？《周报》没有在学生心里留下牵挂。

一个人的 60％—70％的能力是适当的激励激发出来的。每一期《班级作文周报》发多少学生作文是"适当的激励"？一周出版一期《周报》，发表率占学生数 40％左右为好，平均而言，三个星期能让每个学生发表一篇，四个星期能确保每个学生发表一篇。每一期 40％的学生作文上《周报》，班级里 50 个学生，有 20 个的作文发表了，容易形成

"发表"的气候和气氛。一个小作者有两三个好朋友，40％的学生成了作者，好朋友总要去看好朋友的作文，那样，全班同学都裹进来了。一期《周报》只发五六篇作文，每个作者有三个朋友，那也只有十五人、十八人，还不到班级数的一半，《班级作文周报》火不起来的。

　　班级的人少，如只有30个，40％左右，往"右"一点也就十二三篇，那字号大一点，行间距大一点。低、中年级的作文字数少，《周报》可以出两版，五、六年级作文写长了，再扩成三版、四版（所谓三版，第四版依旧空白，跟学生说等你们的作文长了，再开通第四版）。班级人多，如50个，40％左右，往"左"一点也有十七八篇，那字小一点，行间距小一点。班级如60人、70人，30％的作文也要20多篇，《周报》的版面不够。那怎么办？《周报》有四个版面，三个版面发学生的作文，还有一个版面发学生的"好句子""好片段"，一版可以发10多个"好句子""好片段"，就有10多个学生的名字出现在《周报》上，每个人都重视自己的名字是否出现在《周报》上。这是大班额下没办法的办法。

　　发表率控制在40％左右，年级低作文短40％，年级高作文长也是40％。不能低年级作文短60％、70％的发表率；年级升高了，作文长了，发表率只好降下来，刺激越来越小，学生的写作积极性自然也会掉下来。发表率应该随着办报时间的增长而有所增长，这是理想状况，但比较难做到。我们要努力做到发表率不降。怎么能不降呢？开始的时候、作文不长的时候，发表率要控制住，根据我们的经验，一个班级以50人计，40％左右是个比较合适的数字。

　　也有老师说，班上学生作文水平低，选不出好作文，一期《周报》只选出了5篇。这个想法不对。《吴江日报》的副刊如果以《人民日报》《文汇报》副刊的标准来选稿，那《吴江日报》的副刊只能天天开天窗。不少地方报的副刊作者，在地方报发了一篇又一篇不上档次的豆腐干，渐渐走上了《文汇报》《人民日报》的副刊，地方报的副刊的贡献就在于此。《班级作文周报》相当于地方报的副刊，选稿的要求和标准降下来，一切都不是问题了。再有，《班级作文周报》的选稿，跟正式报刊编辑的选稿还不一样。不是每次都要好的作文、优等生的作文，后进生的作文也要发，也要鼓励，而且还要大大地鼓励，他们最缺少写作动力，发表，不断地发表，能激荡起他们的写作动力。一个人想写了，愿写了，有动力写了，其他都是小问题。

第 15 问： 新上岗老师办《班级作文周报》要注意什么？

江苏李老师：《班级作文周报》送到校长室，校长却说这篇作文不能发，那篇作文不能发，有损学校的形象。学生说的都是真话呀，作文不是要学生说真话吗？我该怎么办？

答：

小李老师参加工作的第一年，参加我们的"后作文教学专题培训班"，第一年的第二个学期，她着手办起了《班级作文周报》。《周报》出版后，她请学生送到校长室。第二天，校长找到她，要她注意《周报》上的作文，一篇涉及老师有体罚嫌疑，不要发；另一篇涉及同学吵架，不要发。校长说，此类作文发出来，好像学校很不安宁。

小李老师的提问里，有三个好消息。第一个，校长很认真地看了她的《班级作文周报》，作为一名新教师，校长那么仔细地看，说明关注她的作文教学。第二个，校长没有说小李老师胡闹，没有勒令小李老师不要办《班级作文周报》了，校长还是有度量的。第三个，是校长提出了《周报》可能带来的问题，而不是家长。因为《周报》上的作文，导致家长找上门来，那才是真正的麻烦。

办《班级作文周报》，学生作文有发表的平台，知道作文就是"用笔说话""用笔说真话"，小李很想继续做下去，作为新教师的小李该怎么办呢？

（1）我建议小李老师听从校长的话，不要发学生的狠话作文、情话作文、气话作文、痞话作文。小李老师很奇怪，管老师你不是主张儿童作文应该写他们心底的话，不是主张儿童作文要"童言无忌"吗？我说是的，这是理想的阶段，最高的阶段。新上岗的老师直接跨到最高的理想阶段，会有两个问题：一，学校的领导和同事还没有看到你的能力、看到你的成绩，还没有认可你，你突然冒出那些他们还没有接受的"新新作文"，他们会认为这个年轻人闹腾。二，作为新上岗的老师，家长们也还没有完全认可你。学生读了《周报》上的"狠话作文""气话作文""痞话作文"，文中的当事人会在家长面前发牢骚，容易招致家长的质问。新上岗的老师往往还没有能力来处理这些问题，处理不好的问题最后只能由学校来帮你解决，学校当然不开心。不只搞得你灰头土脸，还可能让你从此一蹶不振。

（2）我建议小李老师，这一期《周报》，90％以上刊发大众眼里的"好好作文"，校长、家长、普通老师眼里的"好好作文"。办《班级作文周报》的目标不是一场轰轰烈烈的"作文革命"，而是学生作文在《周报》上发表以及发表后的评奖，获得写作动力，愿意写作文，不怕写作文。新老师不要给学校领导"标新立异"的形象，标新立异惹来了麻烦，后面会处处遭遇质疑。这个班级带下来，家长、校长、同事看到学生对作文的态度和热情不一样了，看到这个年轻老师有一手，小李老师站稳脚跟了，下一届带班就可以进行作文教学观念上的革命了，下一届学生的作文就放手让他们写心底的狠话作文、气话作文、痞话作文、情话作文、反话作文、囧话作文、牛话作文、笑话作文、胡话作文、丧气话作文。改革要有资本和底气。新上岗的老师先要积累资本和底气。

（3）我还建议小李老师，每一期《周报》上的作文，一定要选出两三篇好作文，给当地的报纸投稿。以我们苏州市吴江区为例，有《吴江日报》《姑苏晚报》《苏州日报》等，这些报纸都有"学生作文"的栏目。地方报的发行 100% 在当地，这些报纸活下来全是因为当地的读者。报纸上发表了班上学生的作文，家长们会口口相传。一有作文正式发表了，老师可以拍了图片发家长群。倒不是说《小学生学习报》《小学生阅读报》不用投，主要是先从本地报刊开始。正式报刊的发表，能快速积累起作文教学上的资本和话语权。

（4）我建议小李老师不要冒进，要温和而坚定地行走。最好的教学改革也要面对现实的风吹雨打。面对现实可以鼓足勇气，大刀阔斧，你们不理解我也要冲上前去，就像当年别人不理解杜郎口中学的崔其升，崔其升在种种怀疑、指责、问罪的情况下，依然向着自己看准的那个方向冲上去，最后成就了一股杜郎口旋风。但我不建议新上岗的小李老师这么干。新上岗的小李老师面对现实的绊脚石，要收小改革的尺度，放缓改革的步子，找一个别人能接受的尺度。这个小尺度大家接受了，下一次再把尺度拔高一点，所谓的"蚕食"。年轻人不顾一切地冲上去，死掉的可能性比崔其升们要大上百倍。

（5）我建议小李老师，到了第二年《周报》可以偶尔发一篇有点冲击力的作文。但一定要把握好尺度，可以征询旁边的人，也可以征询群里一起办《周报》的人，他们有经验。要试探性地看看周围人的反应，要在可控范围内去处理可能有的麻烦——从来不处理麻烦，没有这方面的经验也没有这方面的能力，以后还是会有麻烦。最要注意，不要发得罪搭班老师的作文。新老师，得罪老同事比得罪校长的麻烦还要大。

第 16 问： 怎么办《班级作文周报》，确保不半途而废？

广东张老师：身边也有老师办《班级作文周报》，办了一段时间，就有一期没一期了，到最后不了了之，怎么能像你那样坚持数十年，不半途而废呢？

答：

《班级作文周报》要一周又一周地办下去，一学期又一学期地办下去，一年又一年地办下去，光凭激情不够，激情只能持续一段时间。持久地做一件事，最好的保证是习惯。习惯怎么养成的？——定时。早上起来刷牙，睡觉前刷牙，"早上""睡前"两个定时的点，刷牙成为习惯了。早饭、中饭、晚饭，三个定时的点，三餐成了习惯。爱阅读的人往往睡前看一会书，"睡前"是一个定时的点。定时干，干成习惯。

《班级作文周报》长久地办下去，成效一定好，可以成为你带班教作文的象征。而要"长久地办下去"，要趁你激情昂扬的那段岁月养成办《周报》的习惯，到后面用"习惯"来推动自己，而不是蔫掉了的激情。

习惯靠"定时"来养成。办《班级作文周报》，老师要做到以下五个"定时"：

（1）定时选稿。一般星期一选稿，选出初选录用的作文，30篇左右，周二终选录用，录用18－20篇。每个周一，都要选好；再忙也要选出初选录用的作文。一，学生有盼头，每到周一就盼望着周五写的作文、双休日改的作文，有了录不录用的消息；二，初选录用的同学回家认真修改才有动力。周二的终选也一定要完成，这不只影响学生作文的输入，还是一个习惯问题。

（2）定时排版、出版样张。我一般周四中午排版。下午的课不多，也可以下午。周三不排版，用零碎时间收学生发过来的作文。周四排好版，打印出样张，放学前由小助手发给学生。每周四下午，录用的同学会来讨要样张，小作者拿到样张后可以赶在出版前再改一次。

（3）定时出版。如不是节假日，如不是外出听课、讲课，《周报》周五出版。每个星期都周五出版，一周一期，节假日也照常出版。形成了习惯不会有多大的困难。最大的困难是找借口，清明节放假不办了，五一节放假不办了，端午节放假不办了，身体不舒服不办了，有烦心事不办了，考试没考好不办了，心情不好不办了。准完蛋。

（4）定时发报。《周报》出版以后，上午发？中午发？下午发？最好确定一个时间。一般下午发，看下午哪一节课合适。周五最后一节课如是我们语文老师的，那最好，以后就这节课上发。一到这节课，至少小作者们会很期待。这就是"定时"引发的激动。哪怕周五上午或中午已经印刷好了，也不发，到那个"点"再发。二三十年前在村小教书，每天下午2点总有人说"老王怎么还没来"。老王是邮递员，每天下午1:50－2:00他把报纸送达学校。"定时"了，过了这个"点"会想念。

（5）定时讲评。周五出版，双休日读报，每周一的语文课就是《周报》评讲课。这样比较顺，20年来我都这么做。也有老师觉得周四讲评顺，周五学生写作文，能"学以致用"，我不反对。总的原则一条，定下星期几就一直是星期几，到了那天学生就知道今天《周报》讲评啦。哪天你不讲评，学生追着问"为什么今天没有《周报》讲评课"，那就对了。

学生那头，要注意三个"定时"。

（1）定时写稿。一般周五的语文课写作文，周日到周四写五天的"素材"，周五从前面的五个素材来里选一个或选几个有关联的写成作文。这个时间选定了，雷打不动。周五有活动要外出也不变，麻烦搭班的老师维持一下纪律。学生呢，周五作文成习惯了，不会有什么其他想法，老师发下"每日素材本"马上安静地写起来。最怕没有习惯。这个星期三，下个星期五，下下周没有作文，再下下下周又是星期二，没有规律，突如其来写作文，学生"哎，又要写作文了"。每周五都写作文，不会唉声叹气了，习惯嘛。

（2）定时投稿。每个周一早上定时向《周报》编辑部投稿。这个时间不交，对不起，过时不候。下午交来的，哪怕写得再好也不录用（生病等特殊情况例外）。定时投稿成了习惯，学生不会拖拉，也不会忘了完成作文，或忘了修改。

（3）定时改稿。周五写好作文，周六周日在家里改。改好稿子，星期一向《班级作文周报》投稿。有的学生双休日没改好，周一要投稿了，才想到没改、没写"自荐语"，对不起，不录用。周一，初选录用的同学回家修改，定时的；周四拿到样张修改，定时的。一篇作文要发表在《周报》上，至少有这三次定时的修改。

不少老师反映，办了《班级作文周报》，学生的作文热情是高了不少，就是老师挺累的。定时定点了，事情分散到一个星期里，每一天都做一点《周报》的事，也就不会手忙脚乱，不会特别忙、特别累。做出点成绩的人，不是他们的时间比别人多，他们往往都是特别忙的人。那么忙的人怎么反而有时间呢？习惯。有了好习惯就有好人生就有好成绩。

每个家长爱自己孩子的程度，远高于隔壁家的孩子，哪怕邻居的孩子比自己的孩子漂亮、聪明、懂事，为什么？从小在自己孩子身上付出了时间、精力和情感。你付出的越多也就爱得越深。办《班级作文周报》，遇到的障碍和困难越多，越是坚持下去，那么每解决一个困难，你对《周报》的感情就深了一分。每一个障碍和困难都是情感的考验，就像恋爱的情怀。

第 17 问：《班级作文周报》能压缩为"半月刊"吗？

福建肖老师：每个星期办《班级作文周报》，投入的时间精力实在太多了，能不能简化为"半月刊"或"月刊"？

答：

想起了我的外公。

外公 70 岁那年，我女儿两岁，70 岁的外公抱着重外孙女，来到我爱人所在的村小，女儿吃了奶，心满意足地睡了，外公又抱着重外孙女走回家。80 岁的外公有点高血压，配了药，一天一顿，一顿两粒。每次去看外公，我们总带几瓶高血压的药去，外公笑着说，我的救命药来了。外公生性爽朗，说话中气十足，走路脚下生风，我们都相信外公会长命百岁。83 岁那年，一顿两粒药，外公偷偷减了一粒，外公"小中风"了。此后每况愈下，87 岁那年外公走了。外公以为少吃一粒的药，至少还有一半的药效。他不知道，少了一半的药，药性没有到那个点，另一半的药也白吃了。

每个星期我都要出一期《班级作文周报》。刺激的频率很重要。刺激没有到那个点上，前期所做的一切都是白费。一个班级，一个星期出一期《班级作文周报》，每个星期都会因新的《班级作文周报》的出现，搅活班级的作文场。两个星期一次，一个月只有两次，搅动的频率低了，就不活跃了。

一个星期出一期《班级作文周报》，每个星期学生都有一个盼望：这个星期我的作文能不能上报呢？这期《周报》没有我的作文，那就争取下个星期。两个星期出一期《周报》，这一期没有上，即使下一期周报上有自己的作文，那也已经是一个月后的事了。

一个月两期《周报》，一期《周报》发表十七八篇作文，每人一篇不重复（事实上这不可能），也只有 35 个同学的名字出现在《周报》上。一个班 50 个同学，还有 15 个同学要 1.5 个月、2 个月才有可能发表一次。24 伏以下的电流持续经过人体，不会有什么不安全。48 伏的电流哪怕经过人体数秒，都会引发危险。两个星期出一期《周报》，看起来跟一个星期出一期只少了一半，然而少了一半的刺激，效果不是只少了一半。

想着两个星期办一期《周报》的老师，有一个致命的思维缺陷：遇到问题不是想着怎么去克服它，而是想着怎样偷工减料。一旦有了这样的工作思维，不管做什么都很难做好。不管别人的经验怎么成功，到他的身上都会大打折扣，甚至无效。今天办《班级作文周报》，比起我们2000 年办《周报》要便利很多。第一，文字输入方便，现在只要在手机上安装讯飞语音 APP，学生对着手机读一遍，正确率 95%，再读一遍改一下，搞定。2000 年没有智能手机，没有普及家用电脑，也很少有网络。第二，2000 年用 3.5 磁盘，磁盘经常坏。后来用 U 盘，现在QQ 上一点，马上发过去了。

如今的老师忙。一线老师每天要花很多时间去应付那些跟教育没一分钱关系的事，这是当今时代教育的不幸。而我们唯一能做的是面对。拥有正向思维的人，遇到问题就想怎么解决。这样想、这样做的老师不少，于是在办《班级作文周报》这个事上，出现很多的金点子。

（1）请家长帮忙。一个学期出 20 期的《周报》，家长有 50 个，招募 10 个愿意帮忙的，一个家长一学期做两期也没什么累的。家长编辑的那一期,家长和孩子可以上"亲子作文"栏。家长高兴,孩子开心,老师省心。

(2) 交给广告公司排版、印刷。一期周报广告公司彩印,50 份 100 元。一学期 20 期,每个学生 40 元。只要认真做,做出成效,在补课成风的今天,40 元真的不算个事。学生作文发过来,老师收到后转给广告公司,广告公司排版、印刷、送到校门口。没有办法的情况下,这也是一个办法。

(3) 请学生排版。有的学生计算机很厉害,他们的排版能力比语文老师强,不妨成立一个《周报》排版部,甲学生负责收作文,乙学生负责排版,丙学生负责校对。每一期《周报》,写上"排版部"学生的名字,他们会很高兴,很有成就感,英雄有了用武之地,会把《周报》看成自己的作品。老师还可以每个月奖励给他们一张"优先发表卡"。

像我们的黑白的《班级作文周报》,操作上熟练了,并不需要花很多时间,真的。刚开始,你是新手,新手和老手之间的差距是很大的,熟能生巧了,花的时间就少了。

第18问： 出好一张《班级作文周报》，要注意哪些细节？

　　湖北顾老师：有人说细节决定成败，请问管老师，出好一张《班级作文周报》要注意哪些细节？

答：

　　办《班级作文周报》有10个细节要注意。

　　（1）关于作者的名字。每个人都特别在乎自己的名字，小作者的名字要署在标题的下方，另起一行，写"作者：×××"，不要写在作文标题的旁边，更不要写在作文的后面。评上了"作文新苗""作文小能手""作文秀才""作文举人"的，改为"作文举人：×××"。"作文举人：×××"或"作者：×××"，字体要跟标题和正文不一样，从而突出作者信息和名字。

　　（2）关于转页。一期《周报》有四个页面，每一个页面上刊登四五篇学生作文，排版时要正好结束，尽量不要转页——这一页的最后一篇作文没有排完，转到另一页上去了。转页不利于阅读。有两个办法可以不用转页：一，调控行间距，没有满页的版面，这一页的作文行间距大一点，已经满页还有排不下的，这一页的行间距缩小一点；二，换作文，版面排不下的那一页，换一篇短一点的作文。版面排不满的那一页，比较好办，来一个"温馨提示"，放一点"班级新闻"，塞一张插图也行。

（3）关于期数。每一期《周报》上最好写两个期数，一个是总期数，另一个是本班期数。这一届学生毕业后，总期数可以一直延续下去。如，第一届两年办了 80 期《周报》，下一届《周报》的总期数就从81 期开始，但下一届的本班期数则依然从第 1 期开始。

每一期《周报》的电子稿要有一个文档名，便于查找。一届学生可以用一个文件夹，如"2018 级学生四年级周报"，第二年写"2018 级学生五年级周报"，第三年写"2018 级学生六年级周报"。文件夹里的电子《周报》的文档名，我按"本班期数"的期数来命名，第一期就用"1"，第二期就用"2"，以此类推。

（4）关于作文题目。作文题目的字体，要比正文大两三个号，用黑体或加粗的宋体。题目的前面最好加一个特殊符号，如方块、圆点什么的。题目要突出。

（5）关于正文字体。一个版面上四五篇作文，字体最好有变化，如第一篇用宋体，第二篇用楷体，第三篇宋体，第四题仿宋。通常宋体为主，穿插一些楷体、仿宋，用字体来区分不同的作文，阅读起来会轻松一些。对了，上一篇和下一篇作文之间要空一行。

（6）关于出版日期和信息。每一期《周报》写一个出版日期，便于今后查阅。如"出版日：2018 年 9 月 7 日，周五，晴"，也有"出版日期：2018 年 4 月 4 日，周三，明天清明节放假"，或者"出版日期：201×年×月×日，周四，因水痘停课两周，周报正常出版"。看到这样的出版日期和信息，学生会格外珍惜《周报》。

（7）关于班级新闻。每一期《周报》，可以利用"边角料"，编排几个班级小新闻、校园小新闻。这事可以交给班长，组织几个同学成立"班级新闻采写组"，每周提供两三条小新闻。既能锻炼学生，还能增添《周报》的可读性。语文老师多兼班主任，还可以约请其他学科的老师提供有关信息，刊发在《周报》上。

（8）关于页眉页脚。页眉在《周报》的顶端，页脚在《周报》的底部。四个版面有 8 个页眉页脚，我用来刊发名言。四年级，刊发老师精选的关于读书、习惯、处事、生活等方面的名人名言，五年级起刊发学生写的"名言"。每个月我会发一张"我的名言记录表"，附在"每日素材本"的封三或封底，学生每个星期写一两句自己的名言。"我的名言"能锤炼学生的思考能力，随着深入开展，还能锤炼学生的语言能力。

"页脚"不怎么用。上下都用的话，印刷上总有点小问题——不知道是不是学校印刷一体机老化的缘故。到了高年级学生的作文越写越长，报纸还是那么点，版面非常珍贵。这也是我为什么要把报纸分三栏而不是两栏。三栏，利用率更高些。

（9）关于"头版头条"。每一期《周报》报头下方的第一篇作文，称为"头版头条"，即最有价值、最好的作文。"头版头条"的作文由老师确定，这一篇是这一期《周报》的好作文。每一期《周报》上都有一张佳作选票，佳作选票上的第一篇好作文，老师直接输入本期"头版头条"的作文题目和作者姓名，剩下的两个或三个空项，由学生填写。"头版头条"有很强的导向性。学生为能上"头版头条"而欢欣。《周报》上有近 20 篇作文，不是每一篇都要认真看的。"头版头条"必须认真看，自己选的两篇"好作文"必须认真看一篇。这样，学生读《周报》的任务也不重了。

（10）关于《周报》的名字。《周报》可以一直沿用同一个名字，也可以一届换一个名字。一届换一个名字的好处，每个班级都有自己取的名字，会有亲切感。不换的好处，有历史感，如"评价周报总 350 期"。不准备换名字的，名字要起好，要有点可以解释的内涵，每一届的学生都能接受，都觉得挺好。要"一次做好，后续无忧"，自然要花费些心思。

以上 10 个小细节，用一个学期、一个学年熟悉它们，完善它们。不要着急，不要期待一下子就圆满。我办了近 20 年的《班级作文周报》，才琢磨出这些零零碎碎的玩意儿的。

第 *19* *问*： 《班级作文周报》分版投稿， A 版稿件过多 B 版不足怎么办?

广东范老师：《我的作文教学革命（实操版)》一书里介绍，《班级作文周报》可以分 ABCD 版，学生根据自己的作文水平投不同的版面，不同的版面稿费也不同。这样会不会出现某个版面投稿很多，某个版面稿件又严重不足？

答:

会出现这个情况。有的班投 A 版的人多，CD 版的人少，表明学生写作文比较自信。有的班投 A 版的人少，B 版、CD 版的人多，表明学生写作文比较不自信。出现了此种情况，怎么办？

（1）暂且不管，让《周报》出现空缺。第一次分版面投稿，极有可能出现某个版面投稿的人特别少，删掉实在不能录用的，一个版面都排不满，那让版面空着，出版前在空缺的那个版面上写一行大字：本版投的人少，欢迎您的到来！那下次投这个版面的人会多一些。

（2）公布信息，市场会自由调节。投 CD 版的人比较少，只有 10 个人投稿，录用 10 篇，我会跟学生说："投 CD 版真合算，全部录用，全部发表。"学生了解了市场信息，会根据市场情况及时调整。老师要做的是公开信息，学生都知情。也有的时候 A 版或 B 版的人特别少，也要公布。慢慢地，学生发现了一个规律，投稿，还要看投的版面准不准，人多的版面不容易发表，人少的版面容易发表。于是，星期一投稿前，学生会去打听，你投了什么版，他投了什么版，错开高峰，避开高手，增加发表几率。这也很有意思，作文不再是神圣的，而有了游戏的成分。怎么让学生及时快速地调整投稿的版面呢？星期一学生交稿件本，不交给组长，交给三个小助手，一个负责 A 版，一个负责 B 版，一个负责 CD 版。投稿的人到小助手那里，一看投稿的作文本，就知道这个版面的人多不多了。人很少，很开心地投了；人很多，有可能掉头就走，改投另一个版了。这就是"市场调节"。

（3）还可以私下调节。哪个版面投的人多，哪个版面投的人少，老师最清楚。投 B 版的人少了，而小张同学已经连续三期没有发表，这一次却投了人多的 CD 版，悄悄找小张来，请他改一下投的版面，"投 CD 版"改为"投 B 版"。当然要拉钩"不许说出去"。小张同学自然开心地拉钩了，还会觉得老师对他真好。

（4）老师出面"政府调控"。一个班 50 个人，我们设定 A 版投 12 个用 4—5 篇，B 版投 12 个用 4—5 篇；CD 版投 26 个用 10 篇。怎么能确保每个版面都有这么几篇作文来投稿呢？老师制订条例：A 版的小助手一旦收到了 12 篇，第 13 个同学来投稿，不收了。B 版、CD 版也是。假设 A 版和 CD 版都满了，剩下的同学只能投 B 版。这有一个好处，学生会尽快地投稿，只有投在前面，才可以挑选任何一个版面，投到后面，挑选版面的机会就少了。这法子不一定每期都用，可以调节性使用。政府调控往往是在市场调控出现问题的时候使用，而不是一用到底。

（5）有的同学不愿意投 B 版，"B 版"难听，同学们会说你怎么在"B"版啊。为预防这样的事情，我建议一开始不要用"ABCD"来命名，而用"精华版""升级版""大众版"来命名。也有班级不愿意投 CD 版或"大众版"，说发表了也不光彩。那我建议只分"精华版"和"升级版"两类，对比的层级越小，想法和伤害也越少。这些，要看班级的具体情况来定。

　　每一项"作文动力"活动，到了具体的班都会有不同的情况。很多问题都是在具体实施中产生的，正是问题的产生，让我们有了思考和解决的机会。只有思考和解决了难题，才会有真能力和真本事。只晓得拿来用，就像衣来伸手，饭来张口，不会有真本事。

第 20 问： 作文越写越长，《班级作文周报》版面不够用，怎么办？

四川杨老师：六年级学生作文越写越长，一篇有七八百字，还有上千字的。《周报》只能发 12 篇作文，而班上有 50 个学生，发表量太低了，怎么办？

答：

一期《周报》发 12 篇作文，一个月 48 篇，50 人的班级，一个月不到一人一篇，发表量低了，刺激频率低了。一个月，每个学生至少在《周报》上发一篇作文，优秀的发两三篇，特殊照顾的（如用发表来"轰炸"和"激励"作文后进生）可以发三四篇。由此算来，一个班 50 人，一期《周报》要能发 18—20 篇，一个月有四期《周报》，发 70—80 篇，每人一篇那就是 50 篇，还有 20—30 篇可以调控使用。

《班级作文周报》用小五号字体（已经很小了，不能再小了），固定值 10 的行间距（已经很小了，不能再小了），也只能发一万字，一篇作文 500 字左右，大概能发 18—20 篇。于是有老师说，这一期《周报》我只发了 12 篇、13 篇，不是故意少发，实在发不下了，积分活动后，学生的作文越写越长，作文字数多积分越多嘛，每篇作文都在 800 字左右，我该怎么办呢？

我跟学生约定：

（1）投稿的时候，可以尽量写，放开写，有多少写多少。作文写得长，老师不看功劳看苦劳，不看苦劳也会看疲劳的。

（2）长作文录用后，一定要修改，一定要压缩，控制在 600 字左右。为什么这个数？中考作文的字数要求"600 字左右"，小学生作文的字数达到了初三的要求，很厉害啦。再说，考试作文也不能想写多长就写多长，时间不允许。

语文课程标准要求，小学生能写 400 字的作文。这个 400 字不是草稿上的 400 字，应该是修改后的 400 字。修改的最重要的一步是鲁迅说的，把可有可无的全部删去。小学生改作文最不舍得删，因为草稿本上只有 400 来字，一删，字数不够了。改后的作文有 400 字，草稿应该 500 字；改后作文有 600 字，草稿应该 800 字。"浓缩的都是精华"，"浓缩"前必须是"胖"的。"压缩作文"是一个非常重要的能力。压缩的过程会进一步区分主次，压缩过程会进一步琢磨语言，能用两个字表达的不用四个字，但又不破坏语言的美感，压缩的过程十分磨练人。学生不会压缩，老师可以示范。也有同学的作文实在好，难删，怎么办？建议发"节选"。

也有的班级只有 30 个人，一期《周报》发了 20 篇作文，按这样计算，一个月 80 篇，平均每人每月都能发表 2.5 篇以上。刺激强度太大，后期会疲劳，从而出现激励无效的现象。这一点我没有验证过，我没有教过 30 人的班级。小班额办《班级作文周报》的老师可以留意。也有老师教三四年级，作文普遍比较短，一个版面能发 6 篇作文，一期《周报》能发 24 篇，班级 50 个学生，一个月平均每个学生能发两篇。我不太建议这样做。过了一个学期、一个学年，学生的作文写长了，《周报》的版面只有这么点，每期《周报》上发的作文越来越少，发表的刺激越来越小，作文的动力会越来越弱。三四年级的作文短，那字号排大一些，行间距大一点，一期《周报》还发 18—20 篇。学生作文的字数，从 300 字到 350 字，字号小一点，一期还是发 18—20 篇；从 350 字到

400 字，行间距小一点，一期还是发 18—20 篇。

　　学生作文压缩到 600 字左右，一期《周报》也只能发 13—15 篇，发表的刺激还是少了点；人数 60－70 人的班级，刺激更弱了。四个版面的《班级作文周报》，我建议采用"1＋3"模式。三个版面发学生的作文，一个版面发作文里的一个好句子。学生最关心《周报》上有没有自己的名字，哪怕只有一句话。

　　三个版面能发 12—15 篇作文。另外一个版面，发"报头"，"报头"下是"头版头条"——这一期最有分量的一篇作文，同学们都必须认真读。剩下的版面发学生的好句子；一个好句子 100 字，可以发 15 个。一期《周报》上能有近 30 人露脸。发三个好句子相当于发一篇作文，也可以发两个好句子等于发一篇作文，学生自然看重。一次作文，学生能写出 100 字的好句子，那就是有进步。

　　好句子要老师圈划选定？不用。

　　班上 50 个学生，周一初选录用 35 篇，周二终选 12－15 篇。初选录用、终选没有录用的 20 个同学，自己从作文里选一个好句子，发给老师。20 个好句子老师录用 15 个：（1）看好句子的质量，差额录用，学生会动脑子。（2）看发给老师的时间先后，拖拉的学生就少了。

　　纸质的《班级作文周报》的版面不够，能不能发班级微信公众号上呢？这要想明白纸质的《周报》上发表，跟微信公众号上的发表有什么关系。每一期《周报》上选出五篇好作文，配发小作者的彩色照片，发布在微信公众号上，这是我的用法，一定还有其他用法。两者的关系想清楚了才能用好。

第 *21* 问： 《班级作文周报》越漂亮越高端越好吗?

江苏陈老师：管老师，您的《班级作文周报》太朴素了，现在条件好了，做一份彩色的、漂亮的，是不是更能激发学生的发表欲?

答：

又有不少老师加入到"作文革命"中来。我们的"作文革命"有四个核心内容：（1）办《班级作文周报》，发表学生的作文，培养学生的"文心技巧"；（2）先写后教、以写定教，以"作后指导"为核心；（3）以"故事"为儿童作文的核心能力、核心素养；（4）指向写作的阅读课，培养学生"怎么写"的阅读思维。

其中，"办《班级作文周报》"最有操作性，也是"作文革命"的标志性存在。18 年前，我的作文教学革命就是从一张《班级作文周报》起步的，18 年来，我坚持办了 900 期《班级作文周报》。

办《班级作文周报》，会遇到困难和麻烦，我"见招拆招"地闯过来了，第一次的"招"没有"拆"好，第二次补"拆"；第一轮的"招"没有"拆"好，第二轮再"拆"，终于走出了一片作文教学的天地。人都希望少一点问题，少一点麻烦。这可以理解。然而，一个人的真本事，不是听课听来的，不是读书读来的，而是自己"干"出来的。在"干"中遇到问题、拆解问题，才会有真本事。

不少老师的《班级作文周报》很精致，很豪华，彩色的，广告公司专业排版，我有点担心，花哨的往往只是一时，简单朴素的才能长久。暑假里，来自河南的曹老师反思了自己办《班级作文周报》的失败之处，他说：

（1）太过豪华，学生被花花绿绿的插图吸引，而不是作文。《周报》的第一吸引力应该是学生的作文。学生的作文内容不吸引伙伴，《周报》的外壳再漂亮，对作文教学也没多大好处。要办好内容，而不是外壳。

（2）豪华的《班级作文周报》要去印刷厂或广告公司印制。《班级作文周报》的用量低，印刷厂或广告公司没什么经济效益，不会太重视。一有紧急任务，广告公司不能及时排版、印刷我们的《周报》；印刷厂一有什么紧急任务，也如此。一个学期延误这么三五次，学生对待《周报》的感情也不神圣了。

（3）总有学生的作文不能及时发送过来，那要等齐了才能发给广告公司。先发来的打包了发送给广告公司，后面再有学生发来，再发给广告公司，广告公司可能会忘记补发过去的作文。不能完全怪他们，公司不可能专门安排一个人来跟《班级作文周报》对接，今天是小张明天是小王，毕竟是一个小到可有可无的业务。两人交接出点小状况，好不容易输入了作文的学生，最终作文没有见报，他那颗刚要激动一下的心，瞬间被泼了一盆凉水。

（4）《班级作文周报》是发表学生作文的阵地，也是发表班级各类信息的阵地。有的信息可能周五中午才出来，如某个同学获奖了，某个同学在杂志上正式发表作文了，某个通知要刊印在《周报》上……广告公司周五上午已经排好版了、印刷好了，不可能增补。即便没有印刷好，增补的信息发过去，那边的人要调整版面甚至重排。一次可以，几次下来对方肯定有意见：这么点业务，还有这么多的事儿！

（5）写作文的能力是改上去的。为了刺激学生的修改动力，我们有"积分活动"——周四打印出周报的样张，学生带回家修改。这次修改，学生往往非常用心：明天就要出版了，再不改出来就要被"四人修改小组"抢分了。交给广告公司做，修改很难实施。广告公司不大可能给样张；即便学生在样张上修改了，广告公司不可能在已经排好版的《周报》上——改过来。

（6）最后还有一个小麻烦，广告公司做，要向家长收费，要解释。一个学生几十块钱，全都实实在在为了学生，然而在当前背景下依然是个麻烦。一旦有一个家长不满意，投诉，那可以把老师的一腔热血浇得透心凉的。

我一直用简单朴素的黑白的《班级作文周报》，跟试卷一样大小，学校印刷一体机上印的。学校不支持免费印刷《班级作文周报》，那我们死缠烂打跟校长沟通，为了作文教学改革，为了学生，为了班级，办好了也为学校争光。实在不行，能不能出一个成本价给学校。50 个学生，50 张《周报》，成本价也就 5 块钱 8 块钱，一学期 20 期也就 100 多块钱，咱老师的收入跟不上公务员，胸怀却跟得上，这点钱舍得花学生身上。不少语文老师都兼着班主任，《班级作文周报》做好了，有利于班级管理，班费用在这个上也可以。

黑白的《班级作文周报》可以自己排版，可以在自己学校里印刷，于是有了很多的便利。

（1）不受资金控制，少了解释的麻烦、收费的麻烦。

（2）不受广告公司、印刷厂的限制。可以随时出版，可以随时修改。

（3）《班级作文周报》的版面排好了，不着急印，反正在学校里。可以等到周五下午 2 点 3 点去文印室印，《周报》上能及时呈现班级的最新信息和新闻。

（4）黑白的《班级作文周报》，我坚持办了 900 期，彩印的我就有点担心能做到 900 期吗?

（5）黑白的《周报》办上两三年，学生喜欢，家长支持，毕业那年可以用彩色的，请广告公司来做。从丑到美很容易接受，从美到丑就难接受。从黑白的到彩色的，学生很容易接受。反过来会有问题。

低年级办《班级作文周报》，也许要考虑彩色，漂亮一点、花哨一点。你看，低年级孩子的课文也比高年级的更漂亮。这是由低年级孩子的年龄特点决定的。低年级彩色的，到了四五年级能不能改成黑白?应该可以。随后保持朴素。

第 22 问： 作文热情没有预想的高，怎么办？

贵州张老师：办《班级作文周报》效果有，但像"温开水"，有点温度，却不火热，怎样才能让学生的热情更高一些？

答：

早上 7 点多，重庆的张老师已经上传了她的随笔，讲学生为了能在《班级作文周报》上发表作文，进入了"疯狂写作"模式的故事，片段如下：

• 班上一个叫李康炜的孩子，几天的素材分别写了《我为作文狂》《我为作文怒》《重夺荣耀》，我看到了孩子对发表的渴望，对写作的痴迷。最近几天，很多孩子写了读上周《班级作文周报》后的感想，特别是那些作文并不很突出的孩子，他们对上《周报》的热切期望，到了让人感动的地步。

• 我改变了上《周报》的策略：拼手速！终选录用 24 篇，先上传电子文档的登报；后面的，看心情出增刊（当然不是真的看心情哈）。这下孩子们急了。这着急的类型，分三种。第一种是急性子，回家第一时间传稿件。李浩然是班上的写作高手，前两周表现不好，我没录用他的稿件。今天进入终选录用，生怕落后，回家电脑死机，急得双脚直跳。代恩玖是第一次上报，传完电子文档后，专门打电话给我确认，还问自己是第几个传过来的。向往的爸爸妈妈去了重庆，要晚上才回来，他就去找舅舅帮忙。第二种是有条不紊的淡定者，做完作业，吃过晚饭，不紧不慢地上传稿件，一看我在群里公布的顺序，急了，赶紧问还有没有机会。还有一种是前期被积压稿件的作者，他们义愤填膺，在每日简评里声嘶力竭地讨伐我的奸诈，讨伐我的不公平，并写出大字标语："反对暴政、支持良政！"

• 当真话意识深入心灵、当写作的热情被点燃，孩子的作文总是流淌出生活的温度和热度。第 7 期周报上《我和程昨曦的传奇》的作者，写作上并不很出众的孩子，他常说自己是班上的写作渣渣；《文具盒的尴尬》的作者顶多算中等生，但是在《周报》唤醒了写作的热情之后，居然写出那么生动有趣的作文。

看了张老师的随笔，我找到了张老师的学生为什么迷上了《班级作文周报》的四个原因。

（1）老师的办报热情会感染学生的作文热情。今天是 9 月 27 日周四。这个学期 9 月 3 日开学的，到现在不过 24 天，我不知道张老师怎么已经出版了 7 期。联系了张老师，她告诉我正在排第 8 期，明天就是周五了，周六周日调休，周报却不能休。

我问张老师，"你不是这个学期才开始办《周报》吗？怎么已经有8 期了？"张老师答，暑假参加培训班回来，想趁暑假比较有时间，练习一下排版。假期作业原本要求每周一篇作文，张老师就在 QQ 群里请家长每周五上传暑假写的作文——对着写好的作文拍张照片而已。大部分家长都上传了，张老师公布录用的作文，学生再传电子文档。暑假张老师计划试办 2 期，练练手。家长们很配合，稿件比较多，一不小心，暑假里办了 4 期。开学后三个星期顺顺利利地出了 3 期，马上出第 4 期，合在一起总共 8 期。有意思的是，在我问了张老师后，她才回过神来，哎呀，我怎么已经办了 8 期了呀。——办《班级作文周报》，老师的看似无形的热情，会有形地影响着学生对《周报》的态度，写作的态度。

（2）张老师的学生写作文说真话。这样的作文发在《周报》上，同学们都爱看。大家都爱看的报纸才会刺激作者。大家都不喜欢看的《周报》，要老师下达读报任务的《周报》，没什么影响力，发表了也没有多大的喜悦。有的老师的《班级作文周报》，登教材上每个单元的作文，学生写了，选出来办一期《周报》。《周报》上的作文都一个内容的，学生看了两篇就不想看了，看了三篇四篇就反胃了。单元作文都有套路，开头有套路，结尾有套路，主题思想有套路。看套路，谁高兴啊。请看张老师提到的《文具盒的尴尬》片段：

第二天一来到学校，空气里都充满紧张，像无数双眼睛，直勾勾地瞄准我遮遮掩掩的丑东西。在我拿出的那刻，同桌刘婷婷用怪异的目光看着我："你怎么用这种文具盒，太逗了吧！"面对这样的困境，我既无奈又尴尬……手头没钱，换不换不是我说了算。这个该死的文具盒，又出现在刘婷婷那期待的眼神中。无奈，我把文具盒慢慢地抽出书包，她幸灾乐祸的模样，气得我手痒，恨不得马上打她一个大嘴巴！

再看张老师文中提到的《我和程昨曦的传奇》的片段：

下课了，我闲得无聊，拿走讲台上的绳子，用力一拉，它就勒得紧紧的。程昨曦突发奇想，用来套狗。"看这儿，看这儿！我把孙培展的头套住了。"本想拉出来遛遛，可老孙不给面子呀，一下子就把绳子给解开了。程昨曦瞄准了唐浩的脚，把绳圈放在唐浩的脚下，唐浩脚轻轻一抬，绳圈进半。程昨曦又拉又扯，唐浩转过来，发现搞事情的我们，那是一顿臭骂。"套狗"失败了。程昨曦又盯上了"疯妹子"李明佳，"疯妹子"刚抬起脚，程昨曦干净利落地套住了她。"疯妹子"一回头，发现了这个惊天大秘密。我见状，立刻把"疯狗"拉住，"疯妹子"跟我抗衡起来，不料绳子挂了，"疯妹子"拿出剪刀，咔嚓，咔嚓，咔嚓……绳子变成了一小节一小节的，再也套不了"狗"了，最后只好把它"安葬"在了垃圾桶里……

张老师请我和程昨曦进办公室继续"套狗"。"程昨曦来套崔泓宇。"什么，怎么是他来套我？他也套了"狗"的呀！张老师赐予了我闪着金色光芒的狗圈。我成了那只惹人喜爱的小狗，程昨曦却还是程昨曦，张老师让程昨曦拍拍我的屁股，还让他说"狗儿乖"，叛徒程昨曦竟然照做了，还在我的屁股上狠狠地拍了一巴掌……

这样的作文上了《周报》，《周报》一发下去，所有人都会立马静下来，聚精会神地看。大家爱读，也爱写。说真话的作文最简单，也最能激活阅读的热情、写作的热情。

（3）学生敢于说真话的背后，是张老师的民主和宽容。学生作文里写，"冲着张老师写'反对暴政、支持良政'"，看起来很简单，实则很不容易。后来我还了解到，学生开心了在作文里写"亲爱的张张"，学生生气了，在作文里写"张灭霸"。还有男生在作文里写自己和喜欢的女生做了同桌内心的欢喜，最后留言：只给你一个人看哦，请勿外传。

（4）办《班级作文周报》，要有一些小手段，捣鼓起学生的热情，张老师的"拼手速""看心情"刺激了学生。这些都是张老师自己在实践中，根据学生的情况创造出来的。也只有融入了自己创造的做法，做起来才得心应手，才会有感情、有激情。想要办好《班级作文周报》，《我的作文教学革命（实操版）》这本书要好好看，看了还要跳出来，在实践中触类旁通。还要说一下，不可能所有学生每个星期都"我为作文狂"。作文热情回落也是正常的。热情回落了，老师再想办法回上来，那就是教学智慧，也是教学常态。

再讲讲江苏樊老师办《班级作文周报》的故事，对贵州张老师也会有启发。樊老师有两个办《班级作文周报》的故事，我忘不了。

周五下午，樊老师排好了所有的版面，打印出了样张，准备去文印室印制《班级作文周报》，没想到文印室的机器坏了。工作人员说，联系过维修部门了，因为是周末，又快到放学时间了，今天不过来修了，《班级作文周报》只能下周一印了。

回到办公室，樊老师立刻把这一期《班级作文周报》的电子稿发到附近学校的老师那里，请她在他们学校的文印室印好，放传达室，樊老师开车过去取。樊老师到那学校的传达室，新的一期《班级作文周报》已经静静地躺在传达室了。

樊老师拿了新一期的《周报》赶到班级，放学的铃声刚刚响起。樊老师简要地说了这期《周报》的来历，全班同学拿到了《周报》，没有一个起立，没有一个整理书包，也没有一个想走的意思，都在座位上专心致志地看这一期的《周报》。

文印室的机器坏了，《周报》是这个星期五发还是下个星期一发，看起来差别不大，其实不然。学生会从老师想办法按时在周五出版《周报》的举动里，感受到老师对《周报》的重视。老师重视了，学生也就重视了。

老师的热情不只是老师的，老师的热情一定会带来学生的热情。

一个周三下午，樊老师要外出活动三天。樊老师原想周二放学公布录用名单，周三上午把《周报》编辑好，再外出。因为忘了叮嘱录用作文的同学周二晚上必须把稿件输入电脑发过来，结果，周三早上只收到了7名同学的作文电子稿。

樊老师带上电脑去参加活动。第一天的活动结束后，晚上编《周报》，打开班级QQ群，只发来两篇，7加2，共9篇，还有6篇没发。樊老师又想起来了，吉娜、滕起家两位同学的作文补录到这一期，忘了把稿件本返回给他们，共有8篇。QQ一联系，计彩虹同学说她可以去办公室帮樊老师拿稿件本，并帮两位同学输入。周四，计彩虹发的作文格式，樊老师的电脑打不开，联系后，周五收到了计彩虹发来的另一格式，终于编好了《周报》，发给计彩虹。下午，计彩虹拿到文印室，印好后发给同学们。

樊老师外出活动了，周五同学们依然拿到了新一期的《周报》。樊老师写了篇《这期周报不寻常》，发在下一期《周报》上，全班同学知道了上一期《周报》的来历，都很感动，对《周报》有了不一样的感情。学生对《周报》有感情了，也就对作文有感情了。

不少老师都觉得办《班级作文周报》挺好的，然而真能做到每周一期的老师，并不多。大多老师办了几期后，办不下去了，因为遇到了樊老师那样的事，《周报》丢一边了。学生从老师的举动里看到《周报》的不重要，有了紧急的事它可以让位，自然也不会看重《周报》、看重作文。

15年前的一个周五，我们班的《周报》还没有全部编排好，停电了。幸好我有笔记本电脑，还能撑两个小时。我在笔记本上排好了《周报》，电还没有来。眼看还有一个多小时就要放学了。我打电话问隔壁镇的中心小学，他们学校有电，我请了假，开摩托车去隔壁镇的学校印刷《周报》。

我拿着新一期《周报》走进班级，所有的同学都惊呆了：管老师，今天停电啊，你怎么能印出周报的呢？我简单说了一下情况，所有的同学都无比安静地看起《周报》来。跟樊老师的班级几乎一个样，没有人起立，没有人整理书包，没有人想回家。所有的同学都在下课铃声响后，依然安静地在座位上看《周报》。

办《班级作文周报》，不只是技术问题，也不只是教学问题，还有我们的热爱。老师的热情会点燃学生的热爱。

第 23 问： 学生跟《班级作文周报》的 "热恋" 期过了，怎么办?

河北吴老师：刚办《班级作文周报》，学生的投稿热情比较高。两个月后，学生的热情减退了，发《周报》，明显没有以前那种热切的眼神了，稿件里的灵气也不知跑哪里去了，怎么办?

答：

的确会这样的。这也正印证了我的一句话：写作情感就是写作技巧，而且是最大的写作技巧。月有阴晴圆缺，海水也有潮起潮落，作家也不是整天创作热情高涨的。一部作品完成后会特别疲劳，会给自己放一个假。人的神经不能总绷着，不然某天会崩塌。把"班级"看作单位"1"，一个班级就像"一个人"，有"潮起"也有"潮落"，学生的作文状态处于"潮落"，不用急，正常的；减退是为了恢复前面透支的热情。"潮起"了两个星期，又"潮落"了一个星期；"潮起"了三个星期，又"潮落"了一个星期，这些都是正常的。

以我的经验来看，班级的写作状态连着往下走三个星期，那就不正常了。一般来说，"潮起"的状态长，"潮落"的状态短。课上学生学了40分钟，休息10分钟，正常；学了40分钟功课，休息了60分钟，那不正常。怎么看学生的写作状态好还是不好？看《班级作文周报》上的作文质量。质量平平，状态不好；每一期都有多篇好作文，状态很好。也可以从每一周的"录用稿件"的情况看出，选稿时这一篇不错、那一篇也好，难以割舍，状态很好。反之则不好。

要警惕：潮落了不起来了，月缺了不圆了。连着两三期《周报》的作文质量不好，那要采取应急措施——

（1）揪班里的"新闻"。好的报刊杂志，多关注社会热点，从而吸引读的人，也会刺激写的人。班里的"新闻"写成作文，学生爱读，读的人多了，《周报》火了，写的人火了，想写的人多了。小学生一点就着的话题是谁喜欢谁。八卦作文一出来，不是有人出来反驳，就是有人抖出别的料。班级作文的低迷期，有学生写了这样的素材，老师不要放过，要鼓励作者写出来。

（2）推出"不起眼"的学生。低迷的时候，可以多发中后等学生的作文，连着发两个后进生的三篇作文，他们一下子成了"作文小能手""班级小作家"了，隆重地给他们颁奖，会刺激到一批同学。

（3）伙伴间的"文征笔战"。伙伴间的事往往公说公有理、婆说婆有理，老师也不要过早地用权威去下结论。老师的结论可以平息风波，却未必能到学生的心里去。同一件事情，这一期，发这个同学的看法；下一期，发另一个同学的看法；再下一期，发旁观者的看法；第4期才发老师的看法。这段时间的《周报》肯定火。

（4）推出一个新举措。"稿费活动"伊始，跟学生说200元班币购买"免作业券"，300元班币购买"单元重考券"，400元班币购买"期末考试加分券"。一个月后，推出一款"新货"：200元班币购买"自选同桌一周券"。再下一个月，推出一款"新货"：200元班币"免批评券"或"表扬券"。再下一个月，推出一款"新货"：200元班币购买"老师代做值日券"。再下一个星期，推出一款"新货"：400元班币购买"老师家聚会券"。还有什么"跟老师交换午餐券""值日班长券""跟岗小助手券"。不要一下子全部推出，每个月推出一个新品，会出现一个写作的小高潮。

（5）每个月来一次奖品兑换。无论"等级评奖"还是"积分活动"，都可以每个月来一次奖品兑换。这个月发表三篇作文的，获得一张摸奖券；这个月发表两篇的，20个同学里抽取10个幸运同学，获得摸奖券。也可以每个月写完一个"每日素材本"的，获得一张摸奖券。写完一本还是两本才有摸奖券，那要看具体情况。

（6）刊登作者照片。《班级作文周报》彩印的话，这一招的效果很好。有的老师每一篇作文的题目下都有作者的照片，我不太赞成，那么多照片占了太多的版面，以后作文长了，版面不够了，只好撤掉，学生的热情会下降。激励要慢慢往上加，而不是后面往下降，否则后继乏力。激励措施不要一下子全用上。开始不用作者照片，过了一个学期，每一期"好作文"的作者上照片，或者，上一期被评为"佳作"的几个小作者合影，上照片。

（7）索性"版面空缺"。这一期《周报》少录用两篇，明确告诉学生那是作文整体质量不高，为了保证质量，宁缺毋滥。期待下一周的作文质量能提高，不再有版面空缺。

（8）向外投稿，正式发表了，拿着报纸或杂志读给大家听，杂志或报纸贴在班级显眼的地方，能激发学生的写作欲望。来了稿费，隆重颁发稿费单。我们还有一个习惯，谁拿到了稿费单，给每位同学发一粒喜糖，同学们都叫它"稿糖"，意思是用稿费买的糖，这也能激发学生的写作热情。

第 *24* 问： 怎么办一份学生喜欢的 《班级作文周报》？

海南黄老师：我也每周办《班级作文周报》，学生的作文热情却总是那么不温不火，为什么？

答：

不要只办一份《班级作文周报》，而要办一份学生喜欢的《班级作文周报》。办一份《班级作文周报》，只要花时间就可以了。办一份学生喜欢的《班级作文周报》，那要花心思才能办到。比花时间更重要的是花心思。

一本读者喜欢的杂志，发行量大，影响力也大；影响力大了，作者趋之若鹜，读者众星拱月，形成良性循环——杂志办好了，作者群的水平高了，读者的收获大了，杂志的收益好了。一本读者不喜欢的杂志，没什么发行量，也没什么影响力，也没什么人读，别人送你，你也不会多看一眼，只当多了几张废纸。市场上有不少的报刊社，从来没有听说过，这样的报刊杂志活着等于死了。一份学生不爱看的《周报》，一份要家长签字才会看的《周报》，那是一份失败的《周报》。《读者》不用家长签字，读者自然会去看。要让《周报》上的内容吸引学生。一发下

《周报》，教室里瞬间鸦静下来，所有的学生都看了起来，成了。

一本杂志和一本好的杂志，两者的差距很大。

一份报纸和一份好的报纸，两者的差距很大。

办了一份《班级作文周报》和办好了一份《班级作文周报》，两者的差距也是很大。有的老师办了《班级作文周报》，学生作文的热情很高很大；有的老师办了《班级作文周报》，学生的作文热情平平，没有多大的波澜，原因是没有办成一份学生喜欢的《班级作文周报》。

学生喜欢读怎样的《班级作文周报》呢？那要问学生喜欢读怎样的作文。儿童喜欢读的作文跟老师喜欢读的不一样。老师眼里的好作文，考试中的高分作文，都未必是孩子喜欢读的作文。儿童喜欢这样的作文——

（1）写自己想写的话。什么是儿童最想写的话？儿童自己的喜怒哀乐。注意，是儿童"自己的"，而不是迎合成人的。班上同学得了水痘，那要传染的。教室通风，教室消毒，教育学生……儿童不一定这么想。儿童可能这么想：

"不好啦，不好啦！王玺钮得了水痘！"一个同学冲进教室，大喊起来。听到这个消息，教室里就炸开了锅，有的手忙脚乱地开窗开门，有的神情紧张立刻冲到水池边洗手，有的赶快把借王玺钮的书扔到了他的桌上，一脸担忧："我昨天还和他玩呢，不会我也被传染了吧！"坐在王玺钮四周的同学怕得不敢坐下，嚷嚷着要医务室来消毒。

我无动于衷。

我知道得水痘很难受，也知道全班放假的快乐。突然一个"邪恶"的念头冒出来了：如果全班感染而放假的话，就要在医院里见面了，四十几位同学在医院里搞一个派对，男的玩游戏，女的刷抖音。啊，这样的生活太美好了！

我把想法偷偷告诉了死党，不一会，同学们都不停地去往王玺钮的椅子上"要病菌"。有的一边疯狂地上下摆动，一边大喊；有的一屁股坐在王玺钮的凳子上，希望和病菌来个亲密接触；还有的朝着王玺钮的桌子上祈祷。我稳如泰山，一动不动，反正他们得了水痘，班级就会放假，我何必去当敢死队呢?

一下课大家就跑到医务室:"医生帮我看看有没有像水滴一样的痘痘?""怎么可能，回去上课吧。"医生的回答像一根针扎在了轮胎上，大家顿时瘪掉了。

接下来的几天，我也时不时地撸开袖子看看胳膊上有没有水痘。可是那"珍珠"怎么都不肯现身，一连几天，我们班竟然没有一个人得水痘。这不科学啊，照理我们身上带有水痘病菌，一定会发水痘啊!

痘神娘娘，请你大发慈悲，让我们发水痘吧。

《我想得水痘》发在《周报》上，学生一定爱看。学生爱看的《周报》才有生命。走向市场的报刊，能办好的，都是读者喜欢的。编辑们没有策划出读者要的稿子、要的那些话，报社迟早要关门。学生不爱看的《周报》，塞在书包里只是个累赘。

(2) 有个性的作文。《周报》上的作文都长着一个面孔，一个腔调，学生肯定没有多少阅读的兴趣。有棱有角的作文、个性鲜明的作文，一篇作文一张脸的作文，才是周报要追求的。《周报》尽量少定主题，一有了主题，这一期上的作文都是一个味道的，学生就不爱读了。有的老师《周报》随教材上的作文走，一期《周报》全是《20 年后的我》，全是《秋游》，全是《我喜欢的一位老师》，大同小异，学生自然不爱读。《班级作文周报》和教材作文之间如何融合，这是我们要思考的事情。我这样变通:这个星期男生写命题作文，占两个版面;女生自由作文，也占两个版面。下个星期，反过来。如此，确保一期《周报》上有一半的内容是千姿百态的。有的时候融合不了，怎么办? 那就放下教材作文。课程标准说了，"为学生的自主写作提供有利条件和广阔空间""减少对学生写作的束缚，鼓励自由表达""提倡学生自主选题"。

(3) "班级故事"作文。"班级故事"大家熟悉而又陌生。说熟悉，里面的主角、配角都熟识;说陌生，这个故事说不定没留意，只知道一点点细枝末节。即便在意了、知道了，也不知道作者当时的想法、情绪。"班级故事"一般都用真名。每个人都在意自己的名字，伙伴的作文里有自己的名字，这篇作文他一定会认真看。一些涉及到当事人的作文，当事人读了以后还会跟作者对话、交流、反驳，这些都会促使学生认真读《周报》，因为没有好好读《周报》，对话就会卡壳，反驳就会出现漏隙。"班级故事"里的内容总有人见证了的，作者就不会说到哪里算哪里。只有说真话的《周报》，才是读者喜欢的《周报》。只有学生喜欢的《周报》，才能真正焕发出学生巨大的阅读和写作的热情。另外，只有多记录班级故事，《周报》装帧起来后，才真正具有存档童年的功效。

（4）有火药味的作文。四平八稳的生活是成长中的孩子不喜欢的。只有活出了一把年纪的人才喜欢四平八稳。有点火药味的作文，能挑起学生的阅读兴趣，能挑起学生的探讨欲望。有点火药味的作文可以做成"争鸣"，让学生一篇篇地争鸣下去。争鸣了三四期，这三四期的《周报》，学生就很期待。争鸣了三四期，有的时候老师可以出一个相对确定的定论（老师最好也写成作文发《周报》上），有的时候根本就不需要定论。不是每一件事都有定论的，尤其不是每一个儿童时代的事都要有定论的。即便有定论，学生的内心里也未必是认同和接受的。火药味的作文，也有可能没人去争鸣，老师可以偷偷找一两个学生，向他们约稿，请他们跳出来点燃"争鸣"的导火索。

A在《周报》上发了作文，B和C有不同的看法，拿起笔来反驳，这样的作文学生最爱看，每个同学都在不知不觉中成了开心的"吃瓜群众"。倪老师班上有同学说了一句谁喜欢谁，第一篇八卦作文见报后，就这个话题连载了五篇的八卦，什么"我回去对她说怎么可能，假的，他在胡说！可胡芳芳还是告诉了一个人，那个人传播谣言飞快"，什么"自从《胡编乱造3》刊登出来以后，班级里就议论纷纷。……朱沈逸喜欢的人就是你呀，钱王薇"，还有什么"《胡编乱造4》刊出来后，我非常生气，钱王薇你乱写什么呀？课间，我气冲冲地来到她的位子上：我根本没对你说过我喜欢李雅琪，而且我又不喜欢她，你乱写什么"……

《胡编乱造》系列作文成了班上的重大谈资。新的《周报》出来，所有人都睁大了眼睛看有没有《胡编乱造5》《胡编乱造6》。开始时

《周报》上只发了一篇《胡编乱造》，却引起了所有人的关注和期待，《周报》在大家心里的分量一下子重了。究其原因，作文有了回应，而不是自言自语，唱独角戏。

此外，还要注意：

（1）写班上的真人真事真名。拿到一本教育杂志，我有一个习惯，看有没有自己认识的，有，先看。A 学生写的作文里，出现了 B 学生、C 学生的名字，作文一刊发，B 学生、C 学生肯定认真看，B 学生、C 学生的好友也会认真看，并且跟 B 学生、C 学生报告。一期《周报》十七八篇作文里，出现了 20 来个学生名字，读的学生自然多了。

（2）尽可能多地出现作者名字。年级的升高，作文越来越长，《周报》的字号越来越小，行间距也越来越小，为的是依然能发表十七八篇学生的作文。《周报》上的作者越多，读的人越多；读的人越多，《周报》越容易成为学生课余的谈资。每一期《周报》我们开设"好句子"栏目——发学生的一个好句子，好句子后面署上作者的大名。一篇作文的地盘，可以发 10 个好句子和它主人的名字。

（3）开设"班级好新闻"，谁的作文在正式刊物上发表了，谁的作文获奖了，班上有什么比赛获奖了，班上有什么感人的事情了……也就三五行，能表扬一二三等奖 10 多位同学的名字。这些同学可能没有发表作文，却能因为"班级好新闻"而爱上《周报》。

（4）开设"班级心语"。班上哪个同学生日了，可以写一段祝福的话，发出来；班上的同学闹矛盾了，可以写一段话发上去，握手言和；也可以跟老师写一段心里话，跟父母写一段心里话。这个栏目有点像"真心话大冒险"，有点像八卦。别说孩子，成人也喜欢八卦喜欢"真心话大冒险"。

（5）匿名作文。有些作文可以用笔名。用上几次，反而能引起同学们的阅读兴趣，会有同学想办法去侦察作者是谁，这样一来，看这篇作文的人越来越多，看《周报》的人越来越多。

（6）连载作文。《周报》办了一两年，会有尖子生写起小说，这可以连载。连载能留住读者。当年金庸先生的《射雕英雄传》就是连载，火了《香港商报》；《神雕侠侣》的连载，火了《明报》。还可以成立一个班级创作小组，大家一起完成连载。可以是虚构的，接龙写一个大故事，也可以连载写班上的某一个作文"模特"，当然那要征得"模特"的同意。怎么能让"模特"同意？老师们有的是招，我就不说了。

（7）《周报》上刊发老师自己写的文章。樊老师在她的《班级作文周报》上，每期都刊发自己写的一篇文章，文章多写班上的故事。节目请了大牌上场，收视率一定倍增。语文老师在学生心目中，就是大牌。

爱一个人的理由有很多种，有的是有安全感，有的是有温暖感，有的是因为对方弱小而有了要保护对方的感觉，有的是因为心心相印，有的是因为相互补充，有的是因为志同道合，有的是因为不是冤家不碰头……每一种理由都可能会点燃爱的火花。爱一份《周报》的理由也有很多，以上的七个小点子，看起来跟《周报》的主体内容——作文，没什么大的关联，却能让又一批的学生喜欢上《周报》。学生喜欢上了《周报》，以读《周报》为乐，作者就会以作文上《周报》为荣，作者就想着要写好作文，发自内心的写作动力才会真正产生。

以上说怎么办好一份《班级作文周报》，反过来也可以说，避开了办不好《班级作文周报》的雷区，《周报》也不会差到哪里去。两个雷区要注意：

雷区一，要提前和家长沟通，取得家长的支持。儿童作文无非写自己的那点破事，无非和谁吵架了，借了谁的东西啦，谁小气不肯借，谁考试考好了得到老师表扬，谁没考好掉眼泪了……不少家长的作文观念还很落后，《周报》上的作文一旦写了他家孩子考试没考好，或者说他家孩子的糗事，一不顺心会找上门来。倪老师跟我说，他们班上的学生写了一篇作文，说某个孩子"活该"，家长看了以后"大发雷霆"，扬言要去教育局告倪老师。我说，这样的"事故"不是我们的失败，恰是我们的光荣。这说明我们的作文观念进步了，才会跟家长产生冲突。老师和家长从来没有为孩子的作文产生冲突，那说明老师的作文教学观和家长的一个样。

有问题不可怕，关键是要想办法解决这个问题。怎么解决？办《班级作文周报》的第一周，开一个 QQ 家长会，告诉家长我们的作文教学方法、作文教学理念，再把以前《周报》上的作文发给家长看，告诉家长，时代不一样了，孩子心里的想法不一样了，写出来的作文也不一样了。这个时代民主了，平等了，有话都可以说了。初次办《周报》，没有以前的作文，那就用管建刚讲稿里的"不一般"的作文。这些作文有点"冲"，但抱着平常心看，都挺有意思的。家长接受了，习惯了，也就不会有倪老师那样的"事故"了。

雷区二，千万要注意写搭班老师的作文。说真话是作文的根。学生写我的作文，指出我不对的作文（哪怕这只是他的错觉），哪怕质量差一点，我都会发在《周报》上。这样的作文，同学们有的一笑了之，有的也会拿起笔来维护我，必要的时候我也会写一篇反驳。学生一看，作文可以写语文老师的不对，于是也会去写数学老师的不对，英语老师的不对。教育改革来改革去，学生的作业负担越来越重，学生的考试压力越来越大，现在都已经开始往幼儿园延伸了。学生对教育的不满，最终都指向了活生生的教师，尽管很多不满都不是教师造成的，然而教师是教育的活生生的代言人，不冲你冲谁呢？学生写了数学老师、英语老师不对的作文，我们语文老师一定要慎重慎重再慎重。因为数学老师、英语老师未必知道，知道了也未必支持新的作文教学观，他们不知道儿童作文是"情绪写作"，他们以为这是白纸黑字地不尊重老师，有的老师会认为语文老师故意抹黑他。有一位老师告诉我，班上英语考试考得非常糟糕，全年级倒数第一。一同学就此写了一篇作文，还给同学们分析了今后要怎么学习才能把英语成绩提上去。整篇作文很有正能量。谁知道，英语老师见了，认为语文老师在揭她的短，也不跟语文老师沟通，告诉了老公，老公喝了酒，叫了几个小兄弟去找语文老师。我为这样的老师感到愤怒，然而我们不能不面对现实——凡是写其他老师的作文，一定要慎重。

到了六年级，有了写小说的经验后，凡是写其他老师的作文，我都要求学生写成"虚构"的小小说。学生发表作文了，说出了自己心里的话（小说一发出来，大家都心照不宣地明白了），还让学生明白了什么叫"虚构中的真实"。

以上两个雷区，要注意注意再注意。愿我们的《班级作文周报》红红火火，让我们一起用完整的《周报》，给孩子的童年存一个永远的档。

第 25 问：　寒假到了，《班级作文周报》办还是不办?

　　江苏崔老师：马上要放寒假了，我纠结寒假里要不要办"寒假专刊"。办吧，怕过不好春节；不办吧，挺可惜的，寒假那些好玩的、好吃的，都没能记录在《班级作文周报》里，我该怎么选择？

答：

　　寒假办《班级作文周报》，你还让不让人安心过个春节啦？我仿佛听到了这个声音。不，不。寒暑假办《周报》，没你想的那么难，只要发动起学生，老师干的活儿并不多。

　　江浙沪地区，寒假只有四个星期，所谓的"寒假专刊"也只有四期。其中一期，可以在回校日处理掉——期末考试一结束，学生就算放寒假了，老师批好期末试卷，填写好素质报告单，做好期末结束工作，学生还会来学校一次，要分析期末试卷，布置寒假作业。寒假的另三期，我会招聘三个特约小编辑，每个小编辑负责一期，请看：

寒假专刊	投稿截止时间	特约小编辑	QQ 号
第 1 期	2 月 5 日晚 8 点前	石晗笑	15××××42

| 第 2 期 | 2 月 12 日晚 8 点前 | 蒋泓毅 | 17××××36 |
| 第 3 期 | 2 月 19 日晚 8 点前 | 陈若熙 | 21××××15 |

特约小编辑的工作：

（1）到截止时间，马上统计哪些同学没有按时发送，名单发给管老师。

（2）特约小编辑请在截止日期的第二天上午选稿，没有发来的，过时不候。

特别提醒：前三名投稿的优先录用。

（3）选出好作文 18 篇，放在同一个文档里，发给管老师。

（4）这一次投稿的所有作文，放在另一个文档里，发给管老师。

以上面的表格为例，第一期寒假作文专刊，所有的同学都在 2 月 5 日晚上 8 点前，发给特约小编辑石晗笑，由石晗笑负责统计和选稿。特约小编辑"大权在握"，一般都乐意。放假前请特约小编辑问一下家长，收稿和选稿的这两天会不会出远门。如果有，特约小编辑之间调换一下时间。

表格中特约小编辑的工作，有两点说明：（1）一定要写在表格上，它不只给特约小编辑看，也给全体同学看，尤其第一条、第二条。（2）第三条里的"18 篇"，那是把所有的评选权都给了特约小编辑，老师只负责排版。排版后，电子版的《周报》发家长 QQ 群，顺便发一条短信，大意是，寒假的第一期《周报》在特约小编辑石晗笑的努力下顺利出版，这一期发表作文的有哪些同学，祝贺你们。老师愿意多付出一点时间，那给特约小编辑 15—16 篇的选稿权，留下 2—3 篇，老师录用那些努力而没有被选上的、有进步而比不过别人的后进生，或者是需要照顾的中后等生。

为了让学生重视寒假专刊，我们可以跟学生约定：（1）寒假专刊里发表的作文，获得的"发表卡"，可以在下学期使用。（2）上学期获得"班级小作家"称号的，可以不参与（作文写得好的同学不参与了，其他同学发表的机会就多了）；主动参与的，欢迎。（3）寒假四个星期，

"每日素材"加"每周稿件"写完一个本子的，开学初可参加"新春抽奖"活动。

暑假会有 8 期《周报》，怎么调动学生的作文积极性呢？

我选出 7 个信得过、有责任心的同学，请他们招募暑假写作的组员，每个组 7 个人。小组的人不宜多，多了往往做不成。我跟小组签订协议承诺书：

管老师对你们小组承诺，自 7 月 1 日起，到 8 月 30 日结束，如果你们小组加起来，能够写掉 420 页（注：每人每天一页，7 人小组就是 420 页，6 人小组就是 360 页。当然这个数量老师可以根据学生的情况调整为每天 0.6 页、0.8 页不等），下学期开学第一周，除了"每日素材"和"每周稿件"，奖励一周没有其他回家作业。

老师签字：

为了约束学生，学生也要签一份：

本小组对管老师承诺，自 7 月 1 日起，到 8 月 30 日结束，如果我们小组加起来，不能写满 420 页，下学期开学第一周，每一篇"每日素材"的字数不少于 400 字。

小组成员签字：

寒暑假作业里一定有作文，这作文看也不是，不看也不是。看吧，实在没有这么多时间精力，一个班 50 个学生，寒假 4 篇，计 200 篇；暑假 6 篇，计 300 篇；稍微狠心一点的，暑假 8 篇，计 400 篇，那要看出人命的。不看吧，学生第一次会上你老师的当，辛辛苦苦地写，知道老师也不看的，第二次、第三次马马虎虎不说，网上抄的都有可能。

我们分散到了寒暑假的过程中，由学生来负责，学生能力得到了锤炼，同学们的作文也认真了、及时了、有反馈了，老师的工作量也轻了。

寒暑假办了《班级作文周报》，中途只在群里发送一下电子稿。开学后补发纸质的，我每天早上发一期。4 期寒假专刊、8 期暑假专刊没有讲评，也不用上《周报》讲评课。有的老师非常负责，连续几天一期一期地讲评，那么大的密度，学生消化不了。

寒暑假不停刊的主要原因：

（1）发挥《周报》的激励功能，大部分学生在寒暑假里也能认真写作文。学生在《周报》的带领下好好写作文，不得了啊，寒暑假三个月，相当于大半个学期啊。

（2）《周报》的另一个功能是为学生的寒暑假生活存档。寒暑假生活最丰富，《周报》上没有那太可惜了。

（3）一期《周报》，50个学生50篇作文，选18—20篇上报，再选出三五篇最好的投给报刊社。寒暑假给报刊社投作文的很少，录用的几率大。一有学生正式发表，会刺激到很多同学。能正式发表作文的，未必是那些考试拿高分的，他们的作文太规矩了，创意不足。正式发表作文的中等生、中上等生，激励了自己，也刺激了优等生。

（4）寒暑假老师也能组织同学们投稿，出《班级作文周报》，这对培养学生的意志力、培养学生的班级凝聚力很有好处。寒暑假都能一周一期，一期不落地出《周报》，这个班级的语文学习大概真的不用老师太操心的。

寒暑假的《周报》有了以上四个功用，不讲评也没什么遗憾的了。

第 *26* 问： 寒暑假《班级作文周报》，怎么办得有起色？

浙江欧阳老师：寒暑假办《班级作文周报》，部分学生不参与，稿件质量也没有上学时好，怎么办？

答：

即便上学期间，也会有同学没及时交"每日素材"，也会有同学没及时完成稿件。寒暑假出现这类问题，更可以理解。遇到问题不用着急。不着急，才能想明白，才能做好。以下四点供参考。

第一，"寒假专刊""暑假专刊"的定位不要太高。

"寒假专刊""暑假专刊"能出版就好，不一定要做得跟上学时一样好，更不要想着放假了，有时间了，应该更好了。老师的定位很重要，定高了，学生做不到，你会很郁闷，那是自己跟自己过不去。我对"寒假专刊""暑假专刊"的定位：让一部分学生先"富"起来。这个"一部分人"指班里的优等生和老师选定的中等生。上学期间，要照顾到所有同学，尤其要照顾后进生，版面时常不够用。寒暑假的专刊，有的同学不及时上传作文，那算你自己放弃。有的因为没有网络，有的因为没有手机和电脑，有的因为旅游在外了，有的因为走亲戚走糊涂了……这也可以谅解，空出的版面刚好可以扶持几个优等生和中等生。为什么不是后进生？（1）上学期间，每个月都会重点扶持一位后进生，连续一个月，每一期《周报》都发他的作文。（2）后进生离开了老师，一个人待在家里，即便老师说要扶持他，要多发他的作文，成效往往不大，他们管不住自己。也不要期望后进生的父母，后进生的父母都搞不定自己的孩子，能搞定自己的孩子的父母，他们的孩子不可能会戴上"后进生"这顶帽子。

四期寒假专刊，扶持四个优等生、中等生；八期暑假专刊，扶持八个优等生、中等生，12个同学的作文能力和作文兴趣、作文自信，在这三个月的寒暑假里有不小的进步，非常不错了。推出优等生不难，难的是中等生，老师要选定两个中等生，私下里约定，你的作文发过来，优先发，只要跟上学一样好，篇篇发。中等生得到老师如此关注，他们往往很有动力。

第二，寒暑假，学生作文要及时向正式报社投稿。

为什么要向报社投稿而不是杂志社？杂志往往提前两三个月排版，学生放寒假，寒假的杂志早编好了；学生放暑假，暑假的杂志也早编好了。报纸的周期短，灵活，只要提前一两个星期。报纸比较看重时效性。寒暑假向报社投稿的老师比较少，放假了嘛。大部分老师都会在寒暑假后，学生上学了，看到学生寒暑假写的作文，好的推荐给编辑，这个时段，编辑手里缺时效性的稿子。每一期寒暑假专刊都选三四篇佳作推荐给编辑，容易发表。

寒假，我会要求学生写"不一样的年三十""不一样的大年初一""不一样的大年初五"。这类主题，有时效性，受编辑欢迎。暑假，我会要求学生写"你都去了哪儿""我的暑假我做主"等，也受编辑欢迎。像我们苏州吴江，可以投给《吴江日报》，也可以投给《姑苏晚报》，可以投给省里的《扬子晚报》。学生作文正式发表了，马上拍成照片发在群里，"祝贺我们班的××同学的作文正式发表在《×××××》上！"，同时告诉大家，寒暑假的作文相对容易发表，这也会激发学生的写作热情。

第三，寒暑假的专刊要有清晰的、合理的安排。

前面一篇《寒假到了，〈班级作文周报〉办还是不办?》，每一期"寒假专刊"都有"特约小编辑""投稿截止时间""小编辑 QQ 号"等信息，都写清楚了发给学生。这个事，伙伴的催要、伙伴的调侃和批评，比老师更管用。后进生，老师的批评家常便饭，根本不放心上，这么多年来，他们早百炼成钢了。伙伴的话不一样。老师那里反正失宠了，他们可不想再失信于、失宠于伙伴。江浙沪地区的暑假比较长，8个星期，有 8 期《周报》。东北的寒假比较长，有七八个星期，七八期《周报》。办了四期，最好能印刷一次，《周报》放学校的传达室，家长有空或顺便去取一下。这也会刺激到家长和学生。

第四，寒暑假要开展团队写作评比。

如果担心学生不及时投稿，那就开展"及时投稿"的评比。四个人一组，每个组的实力搭配好。第一期到了截止时间，四个人全部发送的，得 40 分。前五名发送给特约小编辑的，可以各加 5 分。没有发送的，扣 10 分。没有在截止时间前发送，后来补的，扣 5 分。没有发送，主动跟老师说明原因，后来补上的，不扣分。说起来有点绕，制成一张表格来计算和管理，一目了然，很方便。开学的时候，评选出优胜团队。这会推动同伴间的相互管理。

第 27 问： 除了办《班级作文周报》，老师还可以做什么？

江西徐老师：参加了您的暑期作文培训班，下学期除了出好《周报》，上好作后指导课，还要做点什么？

答：

"后作文教学专题培训活动"结束后，我叮嘱参会的老师，办《班级作文周报》，"作后指导课"，"指向写作的阅读课"，回去"三选一"，千万不要什么都想要。

办《班级作文周报》，我用了六年时间，才总结出了三大动力系统。《周报》讲评课，从"作前指导"到"作后指导"，我又用了六年，才想明白了其中的道理，总结出了课的基本结构。"指向写作的阅读课"到现在也六年多了，我还觉得没有成熟。作为首创者，每一个内容我至少用了六年，作为"学习者"该用多久来内化呢？

有的老师说，你都已经做出来了，我们跟着你做就可以缩短时间了。

这个想法要不得。不是所有的东西都可以弯道超车的。很多东西无法弯道超车。没有人做出这个东西来，也许你一辈子都不会想到。然而有人做出这个东西来了，并不表示你可以很快学会。参加培训，听到的是"知识"。"知识"到"能力"所需要的时间，出乎你的料想。30 多年前的一句"经济基础决定上层建筑"，到今天我才内化，你说久不久。

霍元甲用了 10 年时间自创了迷踪拳。徒弟有可能要用一辈子才能学会学透，甚至一辈子都无法学透。霍元甲比他的徒弟有更大的刻苦精神、钻研精神、领悟能力，这个拳法是他"生"出来的，他肯定会全力以赴；这个东西是他"生"出来的，也必然最适合他的先天禀赋。只有极其有缘分、有天分的徒弟，如陈真，才可能用 10 年时间也习得了迷踪拳的精髓。

农村的泥瓦匠，师父带徒弟要三年，三年可以出师了。手艺活也要跟师父三年。注意，这三年里，徒弟可以随时问师父，师父可以随时督查徒弟。一线老师学办《班级作文周报》，实践中有了问题，不能随时问，也没有人随时督查，三年肯定不够。倪建斌老师的《班级作文周报》做了 6 年，樊小园老师的《班级作文周报》做了 9 年，一张小小的《周报》才内化为他们自己的了，他俩合作出版了《作文革命：你应知的 12 个细节》一书。

很多老师总想着，管老师你用 6 年时间做出了作文动力系统，那我可以踩在巨人的肩膀上，一两年就可以练成了呀。我不能不跟你说一句浇凉水的话：不可能。我不是什么"巨人"。假如我是你心目中的"巨人"，那更糟了。"听"和"做"之间的距离不是一点点，而是鸿沟。回到自己的班级，你可能刚攀了两步，"巨人"的肩膀还远着呢，你好累好累啊，不攀了。

即便你腰酸腿疼地攀上了"巨人"的肩膀，一不小心掉下来，摔个半死不活。因为站上去后，累得不行的你，摇摇晃晃的你，睁眼一看，啊，这么高啊。恐高了，腿软了，掉下来了。即便真有"巨人"，真可以踩在"巨人"的肩膀上，那也不表示过程轻松快捷。孔子是个巨人，孔子说"己所不欲勿施于人"，孔子说"人不知而不愠，不亦君子乎"，孔子说"君子有三戒：少时之，血气未定，戒之在色；及其壮也，血气方刚，戒之在斗；及其老也，血气既衰，戒之在得"，就三句话，我和你一辈子都做不到，世上99％的人一辈子都做不到。

师父有十八般武艺，徒弟不一定要学十八般武艺，只要学适合自己的一两样就可以了。能够把师傅的十八般武艺都继承下来的人，他可以成为下一任掌门人。到这里，我可以回答徐老师的提问了：请安安心心地办《班级作文周报》，或者，定定心心地上"作后指导课"，二选一个，其他的不要管。三年后《班级作文周报》得心应手了，像倪建斌、樊小园那样有自己的做法了，再转向"作后指导课"。前三年，只要办好《周报》，"作后指导课"来不及好好琢磨，没关系，你只要拿着《周报》去表扬好了。

语文老师不只有"作文教学"的活，还有"阅读教学"，还有那么多的作业和考试，还有后进生等着你去转化，还有那么多的表格等着你去填，还有那么多的学生比赛等着你去组织，还有那么多的进修等着你去参加……办《班级作文周报》、"作后指导课"、"指向写作的阅读课"，一下子铺开，干下去的可能性几乎为零。

只办《班级作文周报》，办了三期你还会说上管建刚的当了，一点也不像管建刚说的轻松，那我真的希望你再干三年，因为作为首创者，我也用了六年才没有了疑惑。而你，确定能用跟管建刚一样的时间、精力和态度，来习得这一项"功夫"吗？

不要贪多，不要贪全。学透一个，比胡乱学三个要好得多。

第28问：　怎样帮学生投稿，发表率才高？

辽宁胡老师：我想帮作文写得好的孩子投稿，但不知道途径，您能提供一些投稿的渠道吗？

答：

常有老师提这个问题，这样的老师都是好老师，因为这些事完全在老师工作之外。一个干好分内事的老师是合格老师，一个愿意干分外事的老师就是好老师。"作文"和"发表"是婚姻关系，是血缘关系。作文，不只要在《班级作文周报》发表，还要推荐到更大的平台上去发表。自媒体时代，网络平台的发表越来越日常化，纸质媒体的认可度却依然比网络平台要高。能够在正式的、有刊号的、能拿到稿酬的报刊上发表，这是童年时代的美好记忆。很多作家回忆起自己的写作之路，其中一个关键事件是，自己的作文正式发表了，拿到稿费了。

说到投稿的邮箱，网上搜索一下会有好多。然而这样去投稿基本上石沉大海、杳无音讯。这里面还真有点小学问。

（1）每一本杂志、每一份报纸都有自己的用稿特点，胡乱投过去，如病急乱投医，投了几次都似断了线的风筝，投稿的人也没信心了。投稿前了解报刊特点，了解报刊的相关栏目，选什么样的学生作文心里才有底，投出去才有的放矢。

（2）不要用网上搜来的邮箱。一些小学生报刊的生存并不怎么好，编辑跳来跳去的情形很常见。你看到的那个编辑说不定三个月前跳槽了。好心的前任编辑也许会在你投了 10 次后，给你回一个"不要再投了，我已经走了"。没心情回复你的，一辈子都不理你，你说冤不冤。也有的报刊，不管来来去去是哪个编辑，用的都是同一个邮箱，可你上面写着前任编辑的名字，他懒得看。只有看过最新一期的报刊，确定那个栏目的那个编辑还在，投过去的稿子才有中的可能。

（3）网上投稿，不能贴上学生作文了事，要说几句家常话、感谢话。一句话都不说，编辑一看，一个连基本礼貌都不懂的老师，学生能写出怎样的作文来？杂志是武汉的，家常话拉拉自己去过的武汉，说说"万里长江横渡，极目楚天舒"。杂志是山西的，家常话说说刀削面、五台山，感谢话可以说说"浪费您宝贵的时间""欢迎来苏州玩"。家常话、感谢话里，可以看出辅导老师的水平和修养，作文差不多水平，你的家常话、感谢话会起到决定性的作用。人都是有感情的，中国又是个人情大国。5 月和 11 月是报刊征订季，可以主动向编辑要点报刊的宣传资料，在朋友圈里做点宣传什么的，编辑自然更重视你投的稿。

（4）建议多投小学生报纸。杂志刊发的周期太慢，一个月一期，提前三个月编排，9 月接班，10 月投稿，编辑部马上用也要三个月后，即明年 1 月份才能发表出来。注意，这还是最快速度。等到学生自己都差点忘了曾写过这篇作文，正式发表的刺激多少弱了点。小学生报纸一般一个星期一期，速度快，这个月投稿，编辑看中的话，下个月就能发出来。

（5）老师手里的小学生报刊越多，投稿的渠道也就越多。语文老师要花这么多钱去订这么多小学生报刊？不用。可以组织班上的学生订。两个学生合订一份报刊，也花不了几个钱。订阅的小学生报刊放在教室里大家共享。一个班级 50 个学生，可以有 25 份。每人出半份报刊的钱，却可以看到 25 份的报刊，大家都很合算。

（6）投稿千万不要群发。以前的群发，对方收件时，还能看到你发了其他哪几个邮箱，编辑肯定不会用你投的稿。现在的群发，有"点选"功能，不显示群发的其他邮箱地址，那也不要干。群发，肯定不能写几句寒暄的话，要么不留言，要么写"编辑您好，敬请审阅"之类的，一看就知道是用来群发的话。

（7）告诉你一个感动编辑的投稿"金点子"。我们的《班级作文周报》，每周评选出三四篇好作文，老师投稿，也可以鼓励学生修改了去投稿。鼓励孩子自己投稿，目的不是发表，而是因为要投稿，学生会用心去看小学生报刊。我常跟学生说，你知道了自己的作文跟哪份报刊的那个栏目很匹配，投稿成功率就很高。帮学生投稿，每个星期选出的两三篇学生作文发给编辑。第一周第一次投，你就写类似"五（1）学生好作文，第一次向您投稿"的字样；第二周第二次就写"五（1）学生好作文，第二次向您投稿"，第十周第十次就写"五（1）学生好作文，第十次向您投稿"，就这么有顺序、有韧性地投，一定会敲开编辑的心门。到了"五（1）学生好作文，第二十次向您投稿"，只要有一点可用的地方，编辑就会想办法用，编辑会被你感动的，这个老师为了孩子这么用心，太难得了。

（8）要多关注当地的报纸，像我们苏州吴江，有《苏州日报》《姑苏晚报》，还有《吴江日报》，这些报纸一个星期都会有一个版面发学生作文。具体哪一天哪一版，那只有去看报纸。一段时间后有可能会变化，要关注。这一年，星期二有学生作文版；下一年，可能星期三有学生作文版。这些报纸的稿源相对少一些，一是读者群受限；二是不少人不知道这些报纸也发学生作文。投稿的你又是当地老师，没有地域上、文化上的差异，相对容易成功。

最后的最后，多在寒暑假投稿。寒暑假，老师放假了，一般不帮学生投稿，编辑收不到稿子，稿源不足，这时的投稿命中率肯定高不少。寒暑假给编辑投稿，编辑也有心情和时间来看稿子，也会被用心的老师感动，正式发表的机会大大增多。如果投的又是跟寒假、暑假密切相关的话题和故事，那简直铁定了能发表。

第 *29* 问： 多形式的"发表"，你知道吗?

吉林李老师：我很认同"发表"对作文的重要性。我在班上开通了喜马拉雅小电台，用声音来发表学生的作文，可以吗？

答：

收到提问的同时，还收到李老师发来的喜马拉雅班级小电台，里面有她的学生朗读自己的作文："大家好，我是吉林省公主岭市……我把我的作文《我的英语班同桌》读给你们听……"我回复：当然可以，好好琢磨，好好突破，大有可为。我把李老师的小电台转发到了相关群里，有老师回："自媒体时代多渠道的发表，作文也时尚。""太好了，我也正在用喜马拉雅电台，没想到可以这么用。"

2000 年我在一所农村中心小学办起了一份纸质的《班级作文周报》，孩子们看到自己的作文变成了铅字，那兴奋劲别提了，那时，铅印的字都很稀罕。20 年过去了，时代发生了巨变，互联网、智能手机成为日常生活的标配。你可以一天不打开电视，你可以一天不打开电脑，你做不到一天不看手机。不管你愿意不愿意，手机时代真的到来了。不管你愿意不愿意，自媒体时代真的到来了。自媒体时代的到来，发表的渠道也越来越多了。

"声音"发表，不只"发表"了孩子的作文，不只在朗读中修改了作文，朗读可以锤炼小作者的语感，提高小作者的朗读水平，说不定将来真有几个孩子，像今天众多的喜马拉雅的朗读者那样，用自己的好声音来工作。

以前有老师说，管老师，每个星期出一期《班级作文周报》，太辛苦了。我把孩子的作文发在家长 QQ 群里，可不可以？

我说当然可以啊。

关键词是"发表"。

孩子写了一篇不错的好作文，老师用红笔画满了喜人的红线，掏出手机拍下来，传到家长群或朋友圈里，那就是"发表"。也有的老师把好作文做成美篇推送，那就是"发表"。

发表，可以是文字的。

发表，可以是图片的。

发表，可以是声音的。

发表，还可以是视频的。

学生每个星期写一篇作文，每个星期的好作文用各种形式、各种渠道"发表"出来，一个月评选出三篇最有影响力的作文。剔除期末复习，一个学期也就四个月。前两个月，六篇有影响力的作文中精选出一篇，改编成剧本，挑选出导演和主演，做成一个两三分钟的微视频。微视频也是一种"发表"，随着 5G 时代的到来，视频时代的到来，微视频的"发表"会吸引人。

基于"发表"，作文教学一定会迎来广阔的空间。也只有基于"发表"，真实的写作才会彻底打开，彻底实现。无论哪一种形式和渠道的"发表"，都要注意以下几点。

（1）想定了，要往前走，往前走。不管哪一种形式都有它的长处，也都有它的短处。没有一种形式是完美的。只要努力把你认定的那种形式的长处发挥出来，发挥到极致，那就是人世间的"完美"。

（2）光有一个点子不行。前行的路上，学生会懈怠，会厌倦，要建立一个激励系统。不管教什么，都要有激励系统。教师不只是教学者，也是管理者，管着几十个学生。管理人都要有激励系统，股份制、多劳多得制、升迁制都是为了激励人。管理老师也是，从"未定级教师"到"二级教师"到"一级教师"到"高级教师"到"正高级教师"。专业上，老师要从"学校骨干"到"镇级骨干"到"县级骨干"到"市级骨干"到"省级骨干"。光一个"县级骨干"，又分出了"教坛新秀""教学能手""学科带头人""县级名师"。激励要有一个系统，让人一步一步往前走。大人如此，小孩更是。

（3）可以选择两三个"发表"的形式，加以组合。我们以《班级作文周报》为主，辅以"美篇"，《周报》选出来的"佳作"可以上"美篇"，美篇制作会发小作者的彩色照片。也有的老师以《周报》为主，辅以喜马拉雅小电台。当然也可以反过来，美篇为主，喜玛雅拉小电台为主，《周报》为辅。突出一个，理清主次，知道实践的重心在哪里。

（4）要注意"发表"带来的"周边产业"。国产手机的利润很低，除去看得见的人工费、成本费，还有看不见的研发费，赚不了多少钱。而手机的"周边产业"可以赚钱，有时候，手机的"周边产业"能成为很重要的赚钱渠道。什么充电器，什么数据线，什么手机膜，什么手机壳，什么手机支架，什么手机音箱……看看小米的周边电子产品，居然这么高大上。就像喜马拉雅小电台的朗读，声音的发表会成为孩子语文学习的一个拐点。低年级的《周报》，发表学生的作文照片，展示学生原生态的字，那会引起孩子重视自己的字。将作文拍摄成微视频，也会有孩子因此迷上了拍摄、剪辑、合成、表演。

（5）要注意不同的"发表"形式在不同年段的使用。低中年级，声音的发表比较适合；微视频拍摄，高年级比较适合。班报发表，中高年段比较适合；美篇、博客、公众号，四五年级的学生比较适合。拍照和张贴式的发表，比较适合低年级。

第30问： 作文的问题很多，还以表扬为主吗？

山东钟老师：我教三年级，刚出了第一期《周报》，作文有很多问题，也以表扬为主吗？

答：

"是的。"我的回答很肯定。

作文教学第一要紧的，不是揪出"这不对""那不是"，而是打着手电筒，找作文里的"这个好""那个好"，驱赶学生心里那个叫"害怕"的鬼。当年魏书生带班，学生基础一塌糊涂，作文惨不忍睹。魏老师不要学生写作文，只要学生抄作文，抄写的格式正确都是 100 分。作文当然不是这么简单，魏老师是要消除学生怕作文的心理。两军相逢勇者胜，哪一方败？不勇的那一方，怕的那一方。

信心最重要。人一自信，走路的样子都不一样，整个人的气质都会不一样。办《班级作文周报》，不断发表学生的作文，学生作文有信心了；讲评课上不断表扬学生这里写得好、那里也不错，学生有信心了。我常说，写作要勇敢，要敢于写自己的心里话，敢于写别人不敢说的话，勇敢本身就是写作能力。现在我要补充一句，写作要有信心，写作信心本身就是写作能力。学生有作文的信心了，作文能力马上跟着上去。作文里的问题多，说明学生的作文信心不足，越要在培养学生的作文信心上下工夫。

第一期《周报》的讲评课，只管夸学生的好，问题要"视而不见"，第二期、第三期、第四期，都是。夸得学生心花怒放，夸得学生一想到上作文课就开心——老师又要笑眯眯地表扬一个又一个同学啦。夸了一个月，第二个月可以 30 分钟表扬，10 分钟解决一个小小的问题。不少老师以为，只有找出作文里的问题才是教学。这是曲解了作后指导的本意。讲评课首先要加的不是作文技术的油，而是作文热情的油。课上，夸得学生好想写作文，好希望下次的课上，看到自己的一句话，看到句子后面自己的名字，听到老师和同学们喊出自己的名字，那就是好的作文教学，好的作文课。

表扬本身就是作文教学，而且是最迫切的作文教学。

没有一位作家会说，自己之所以成为作家，是小学老师教了他不少的作文技巧，解决了不少的作文难题。没有。作家们回想起来的，多是小时候老师夸他的作文，夸得他有了写作信心，有了写作自信。

"表扬谁不会啊？作文教学这么简单？"千万别这么说。我们总轻而易举地发现别人的缺点，而不容易发现别人的优点。我们总容易轻而易举地指出学生微小的问题，却很吝啬夸学生微小的优点。今天，那么多的学生怕作文，不是作文有多难，而是老师的表扬太少了。

"学生的作文实在太糟糕了，我怎么表扬啊？"

——简单，你教的是五年级的学生，那么请看成是四年级学生写的；你教的是三年级学生，那么请看成是二年级学生写的，只要你的期望指数调低了，幸福指数就升高了。

老师能轻而易举地从学生作文里发现值得表扬的地方，一个学期都以表扬为主，学生对作文的情感一定变了，学生对作文课的情感一定变了，学生对语文老师的情感一定也变了。改变人性中善于批评的毛病，这不容易。这个"改变"几乎可以改变人生，它是幸福人生的开始，也是幸福作文的开始。

走进了表扬的天地，你会发现表扬里很有学问。2014 年我出版了《一线表扬学》，梳理了 18 种表扬的方式和方法。讲评课上的表扬也有很多的名堂——

（1）用小作者的名字来表扬。

（2）说小作者写得像作家那样好来表扬。

（3）说小作者写得像课文那样好来表扬。

（4）和小作者合影来表扬。

（5）跟小作者握手来表扬。

（6）邀请小作者当这节课的助教来表扬。

（7）请小作者站在椅子上来表扬。

（8）全班同学一起背小作者的片段来表扬。

（9）全班同学一起抄写小作者的片段来表扬。

（10）请小作者给老师签名……

"表扬本身就是最好的作文教学"，它还有另一层含义：学生知道了什么是好的，朝着那个"好"的方向走下去了，作文的问题自然会一点一点地消解掉。

一位哲学家带着弟子们来到旷野的一片草地坐了下来，哲学家要给弟子们上最后一课："旷野里是长满了草，如何才能除掉这些杂草？"

弟子们有的说用手拔掉，有的说用锄头锄掉，有的说用火烧最为彻底，有的说撒石灰。

哲学家不置可否，只是请弟子们明年这个时候再来这里。

一年后，弟子们来到原来的地方，那里已不再杂草丛生，而是成了一片绿油油的庄稼。哲学家没有来，只送来了一张纸条，上面写着：

"要想除掉旷野里的杂草，方法只有一种，那就是在上面种上庄稼。"

作文课上的表扬，就是在学生的作文的田里种庄稼。庄稼种多了，种好了，作文里的"杂草"也就越来越少了。

第31问： "表扬"和"发表"真能让学生 爱上作文？

河北王老师：《班级作文周报》上发表，讲评课上表扬，学生真能写好作文吗？

答：

我在很多场合讲过，教作文很简单，只要两块"表"，一块叫"表扬"，一块叫"发表"。你不断地表扬学生的作文，学生就会越写越好；你不断发表学生的作文，学生就会越写越好。作文的进步不是老师讲出来的，也不是老师教出来的，而是学生自己不断"写"出来的。这个"写"有一个前提，学生愿意写作文，乐于写作文。有了这个前提，只要学生写啊写，哪怕没有老师半句指导，学生作文也能一天天进步。

后进生的根本问题都是不愿意学、不乐意学。只要他愿意了、乐意了，基础不扎实，知识有脱节，那都是可以迎刃而解的小问题。怎样让学生愿意写、乐于写？方法也不复杂，我一次又一次地讲过，无非两块"表"："发表"和"表扬"。

我没有比今天更加确信，两块"表"的神奇功效。

诗人高洪波回忆自己的写作成长，说了两个难忘：一是小学五年级，老师让他在班上朗读自己的作文；二是学校的黑板报上，刊登一篇他的作文。高先生还说起自己发表第一首小诗时的喜悦和兴奋。我请教高老，是否认为"表扬"和"发表"对自己的写作成长有着重要的意义。高老说"是的"。我又请教一旁的曹文轩先生，曹先生也颔首。

2018 年 11 月底，我在广东佛山参加教学研讨活动，我讲后，莫言先生登场。莫言感谢小学时语文老师读他的作文，让他对写作产生了兴趣。一个多月后，2019 年 1 月初，我在北京跟崔永元老师录课，崔老师讲起自己的作文故事。有一次作文，老师表扬他的作文里有一句话写得很好，那句话是什么已经不太记得了，老师的表扬却留在了他的心里，于是越写越想写，以至于后来老师都会提前一天给小崔同学布置写作文，第二天小崔同学的作文就是大家的范文。再到后来，一个题目小崔同学写两篇作文，让老师挑一篇好的作为范文。

在学校里，我唯一的一次表扬在师范三年级，陈老师表扬我的一篇作文写得好，这是我在师范里的唯一一次来自老师的表扬，也是我记得起来的求学阶段的唯一一次关于作文的表扬。就是这次表扬，让我在师范毕业八年后，还有勇气写那些幼稚的文字。我至今还记得陈老师表扬我的作文模仿了《药》的结构，说我的作文里有一片孝心。我又想起了自己发表的第一篇豆腐干，300 来字的豆腐干却给了我如此巨大的鼓舞和激励。那个看到自己的文字出现在县级小报上的下午，如此明媚如此温暖如此灿烂如此炫目。

那天，崔永元老师还讲了一个"表扬"的故事，关于张艺谋导演的故事。

张艺谋导演的电影里的女主角，有一个专门的名字——"谋女郎"。普通的女演员在张艺谋导演的电影里，会有出色的表演，一下子闪耀起来。崔老师说，拍电影有时候要看天光的，这个场景只能在这个天光拍，这个时间里没有拍好，只好第二天重来，那几万元几十万元甚至几百万、上千万报废了。不少导演会着急，赶上去对演员说不能这么演，要那么演，有的导演还示范。这样一来，新演员再也没有自己了，只能模仿导演了。

　　崔老师说，张艺谋从来不对演员说演得不好。张导总说，这次不错，这次是我看到的最棒的。张导又说，咱们再来试试，也许还有更精彩的。就这样，一次又一次地拍，同一个内容，演员以不同的形态拍了30组镜头，那里有一组属于演员自己的精彩表演。张艺谋导演的"谋女郎"本质上不是训练出来的，也不是指导出来的，而是欣赏出来的，激励出来的。

　　我们的"后作文教学"有两个抓手，一是"作后的发表"；二是"先写后教、以写定教"的"作后指导"，"作后指导"的核心是"表扬"，我常说，首先加作文热情的油，其次才加作文技术的油。我甚至说，作后指导课可以不进行任何的训练，只要表扬那些写得好的地方，表扬的方向就是学生努力的方向。

第 32 问： "等级评奖"的速度太快，怎么办？

重庆张老师：第一年办《班级作文周报》采用"等级评奖"，一个学期又一个月，已有很多同学评上了"班级小作家"，怎么办？

答：

张老师办了一学期《班级作文周报》，学生很投入，有的可以用"痴迷"来形容。寒假里，张老师又办起了"寒假专刊"，学生的写作热情高涨。新学期开学一个月，《班级作文周报》已经出到第 38 期，评出了 17 个"班级小作家"，其中 8 人还出了"小作家专版"——出专版的同学，稿件不用老师选，自己写好了存起来，数量够了就出专版。"班级小作家"会越来越多，参与投稿的人越来越少——越来越多的人出专版去了。作文高手都去出专版了嘛，《周报》没有了狼和虎，没了竞争力，等于没了活力，怎么办？

第一学年办《班级作文周报》，依托《班级作文周报》开展"等级评奖"的作文活动：《周报》上发表三篇作文，获评"作文新苗"；再发表四篇，获评"作文小能手"；再发表五篇，获评"班级小作家"；"班级小作家"可以在《周报》上出"个人专版"，出了两个专版获评"班级诺贝尔文学奖"。以上的"三篇""四篇""五篇"的荣誉称号的兑换标准，要根据班级的人数和每一期《周报》发表的作文篇数来定。班级的人数少，比如只有 35 个，每一期发表的作文还是十七八篇，相当于有一半的学生发表，一个学期 20 个星期，平均而言每个学生都能发表 10 篇；一个学期后，一定有不少同学发表总量超过了 12 篇，获评了"班级小作家"，就会出现张老师所说的情况。班级的人数少，《周报》的字号可以大一些，发的作文还控制在三分之一左右，就可以避免这个问题。

奇怪的是，每期《班级作文周报》发的作文篇数，张老师都控制在三分之一左右，却还是出现了"评奖速度太快"的问题。我一了解，哦，第二个学期开学不久，张老师已经出了 38 期《班级作文周报》。按一周一期来算，两个学期也就 40 个星期 40 期《周报》。第 38 期《周报》应该出现在第二个学期的期末。如果到第二个学期的期末才出现张老师说的问题，那可以忽略不计了，反正下学年换新的作文活动了。张老师怎么一个学期多一点就出了那么多期《周报》呢？原来，张老师每个月出增刊，寒假出了"寒假专刊"；上学期为了一开学便顺利地开办《周报》，暑假里试运行好几期，于是出现了现在的局面。

我提醒张老师，下一次带班，寒暑假办《周报》，学生发表的作文可以不发"刊用纪念卡"，只给"优先发表卡"，这样，优等生不会"富得太快"。作文后进生，一个学期没有发几篇作文，一个学期下来还只是"作文新苗"或"作文小能手"，私下里授权，他们在"寒假专刊""暑假专刊"上发表的作文，可以得"刊用纪念卡"，从而激励他们寒暑假好好写作文，好好向《周报》投稿，寒暑假只要有一个后进生一期不落地投稿，老师要一期不落地发他的作文，寒暑假开学，后进生马上晋升为"作文小能手"或"班级小作家"，这"一个人"的变化，会刺激一群跟他同层次的人。

出增刊、寒假专刊、暑假专刊，学生的发表数量整体增加了，也有办法解决，如把"三篇""四篇""五篇"的兑换标准，改为"四篇""五篇""六篇"，或者"三篇""五篇""七篇"，提高了兑换的标准，评奖的速度自然降下来。这就要求我们办《班级作文周报》，心里有一个统筹的安排和估算。

远水救不了近火，现在的张老师该怎么办呢？

（1）从当前来看，我建议张老师停下"等级评奖"，"等级评奖"的活动告一段落。学生已经发表的作文、"班级小作家"存好的作文怎么处理、怎么安抚，老师要想一些办法，比如兑换一些小奖品，兑换"优先发表卡"等等。这学期用一个新的作文活动，不过，用"积分活动"也不适合，张老师要开发一个"短平快"的活动，因为再有三个月就放假了。

（2）《我的作文教学革命（实操版）》里设定的"作文动力系统"，是以"学年"为单位的，现在看来，最好以"学期"为单位，每个学期都有一个独立的"作文动力活动"，断然不会出现张老师的问题。我只做了三个作文动力活动，谁能依托《班级作文周报》，再做出三个有意思的作文动力活动，那真是一件令人鼓舞的事。作文动力活动的开发，要注意三年六个学期的动力的递进，都是同级别的刺激，越到后面抗刺激越厉害，效果越差。

张老师的困惑也提醒我们，办《班级作文周报》所用的动力系统，要有整体思维，不能办到哪里算哪里，要有估算与预测，才能办得稳健。问题给我们带来教训也带来了经验，下一轮带班办《班级作文周报》，张老师肯定不会再出现这种问题了。问题的背后就是收获，确实如此。

第33问： 学生作文不想发"B版"，怎么办?

浙江金老师：优秀学生的作文总是录用，没有竞争，渐渐马虎了；后进生的作文录用了，却懒得打字；分版面发表，有学生不想上B版，故意不输入，怎么办?

答：

这三个小问题，都很真实；因为真实，所以真好。教学中遇到真问题，说明你干的是真教育。解决了真问题，那就有真进步。每个老师的社会经历、人生阅历不一样，遇到的学生不一样，处理的方法也会不一样，下面就我的想法和做法，说一点参考性的建议。

优秀学生经常在《班级作文周报》上发表，没有竞争，停步不前，这个话题我会专门写一篇《办〈周报〉，怎样让优秀学生更优秀?》（详见"第45问"），列举了六种方法，让优秀学生前面有目标，从而更有奔头，这里不再赘述。

后进生的作文录用了，懒得打字，这个情况用一个"懒"字来解释未必准确。只有找到了真正的原因，才知道怎么去破解。后进生不愿打字至少有以下几个原因。

（1）后进生有很多作业没有完成，各科的老师都在催着他。白天的作业没有完成，山一样的回家作业又来了，哪有时间输作文。

（2）有的后进生得了点空闲，也想轻松一下，玩一下。后进生不可能像优等生那样见缝插针地用好时间。要是见缝插针地用时间了，后进生也就不后进了。

（3）回到家，后进生有了一点时间也有了一点心情，想要输作文，说不定家长不支持，家长怀疑他想玩手机和电脑，训斥一顿后，后进生只好灰溜溜地去做作业了。

（4）后进生知道自己的作文烂，这次发表不是交了狗屎运就是老师可怜他。作文真发在《周报》上，估计也只有受嘲笑的份，还是算了吧。

（5）哪怕大家不嘲笑，发一篇有什么用呢？接下来不知猴年马月才能再发一篇。后进生认为，发不发表作文对他的尊严、对他的生活没有什么改变。

这是我想到的五个理由，肯定还有我没想到的。因此——

（1）后进生输入了作文，发给了老师，一定要大张旗鼓地表扬，这件很平常的事情，对他们来讲一点也不平常，比优等生第一个发来电子作文还值得肯定。表扬这个后进生发作文来了，就是在给下一个后进生输入作文提供潜在的动力。

（2）后进生没有发电子作文，老师不要恨铁不成钢，要理解他们，在语音输入的今天，哪怕帮他们输入也花不了几分钟。有的后进生不愿意花时间输入作文，那就找一个帮手，帮他输入，解决他的后顾之忧。这也给后进生一条退路：假如有人说他的作文这里不好、那里不好，他也可以理直气壮地答：又不是我想要上报纸，老师找人帮我输入的。从而挽回一点尊严。

（3）后进生的作文发过来了，老师要帮他改一改，不通顺的地方改过来，不精彩的改出一点精彩来。作后讲评要夸他的进步，夸他的一个词用得好，夸他的一个句子写得精彩。后进生亲身体验到上了《周报》的光荣，下次他才更愿意。

（4）要连续刊发后进生三四篇作文。后进生这口"作文的锅"是冰冷的，一下子暖不起来的。要盯着这口冰冷的锅，持续不断地生火加热，热起来了才可以停一下。千万不要刚有点暖和就停火，那锅马上又冰冷了。

我办《班级作文周报》，使用过"分版而治"，《周报》分"ABCD"四个版面，不同的版面有高低不同的"稿费"，学生可以根据自己的作文水平，以及这一篇作文的水平——作文水平高的同学也有可能这次作文没写好，作文水平一般的同学也有可能这次作文感觉很好——来选择投什么版面。"有些学生不想上 B 面，故意不打电子稿"，很有可能是学生看到"B"字，会有捣蛋鬼说"B 版，B 版"，把个"B"字咬得很重、很响、很流氓。

教育他们不要有歪脑筋，估计效果不会明显。就像喜庆的日子有人说了一句不吉利的话，虽然只是一句话，当不得真，却总会惹得人很不开心。班里一旦出现了这股"歪风"，即便刹住了，心里总是个疙瘩。我建议以后不要分"ABCD"版，也就不会有"B 版"这个称呼，就叫"精华版""升级版""大众版"。上次我还说，也可以不分那么细，一张《周报》四个版面，两个版面叫"精华版"，两个版面叫"升级版"。《我的作文教学革命（实操版）》里是当年的做法，要与时俱进，学生在变，时代在变。

还是那句话，没有一种教学是可以照搬的。特级教师在这个班上这篇课文，下次在那个班上这篇课文，总的思路差不多，其中的小细节、小插曲却很不一样。办《班级作文周报》，总的思路差不多，遇到的小细节、小插曲各不相同，那就对了，那是真在做了，那是真教学、真教育。

第 34 问： 外在的刺激一拿掉，还会有用吗？

湖北杨老师：看了张老师的《保持旺盛而持久的写作热情的秘密，我找到了!》，我有两个疑问，一，张老师用了不少外在的物质刺激，这样的刺激会长久吗？二，作文教学不是以培养作家为目的的，有必要花这么多的力气吗？

答：

"后作文时代"公众号连载了张老师的《保持旺盛而持久的写作热情的秘密，我找到了!》，引起了不少老师的兴趣，也收到了杨老师这样的质疑。这是很好的事情：触发思考的阅读才是有价值的阅读；触发思考的文章才是有价值的文章。

先回答杨老师的第一个问题：作文过程中，要不要老师的物质刺激，物质刺激有没有成效？

刺激有两类，一类是精神刺激，一类是物质刺激。教学既要精神刺激，也要物质刺激。年龄越小，物质刺激越有效。低年级的孩子，不能光口头表扬，最好给一个"大拇指"、一个"苹果"，这个"大拇指""苹果"是物化的，物质的东西不只是"吃的"，也可以是"用的"和"审美的"。张老师自己也回复："现在的学生确实物质条件很好，对物质的要求已经不像之前那样渴望，家里的糖果零食可能放十天半月也不去动一下。但老师奖励的就是不一样。老师奖励的糖果就是特别甜；老师奖励的零食就是特别香，孩子还因为老师额外奖励了某某一颗网红巧克力，写作文表达不满。他们争的不是糖果、不是零食，是老师的宠、老师的爱，是老师额外的关注和肯定。"过完新年，家里吃不了的糖果，老师带到班级去给学生吃，味道确实不一样。很多名牌在品质上并没有高出多少，售价却高得离谱，人们购买的不只是商品，还有商品的附加值。在这一点上，张老师是懂儿童的，也是懂"老师"的品牌价值的。

老师的物质刺激会不会失效？到了中学还靠几块糖果肯定失效。所以，中学有奖学金，几百上千的，高端民办校奖学金上万。如果说，张老师的物质奖励有"物欲"刺激的嫌疑，那么中学的刺激是否有"物欲横流"的嫌疑？就学校这个清水衙门来讲，评上了特级教师、评上了名师，都有经济和物质上的奖励，别的行业更厉害，动辄上百万、千万，诺贝尔奖就是一个显著代表。那是不是成人的世界就糟糕透顶了呢？好像也不能这么认定。

这是个物质世界，面对物质就是面对不可回避的真实。99％的人都离不开物质的激励，没有工资也愿意勤恳上班的人肯定有，但那个"有"肯定是"极少有"的"有"。大众的动力往往跟物质的激励有关。少数的天才和精英，另当别论。我们不能用天才、精英来衡量面广量大的普通学生。肯从家里拿出巧克力、肯自己去买一点小东西来做抽奖活动的老师，要肯定。后续的物质刺激达不到预期的效果了，那就再想办法。世上没有一招可以打遍天下无敌手的。张老师以后带别的班，肯定还会有别的招，学生不同了，年代不同了嘛。发达国家的家庭从小培养孩子的理财意识，那是不是要培养孩子成为一个唯利是图的人？肯定不是。理财是这个社会必需的能力，顺应社会而已。在这个经济社会，我们不要回避钱，回避物质。我们要思考如何使用钱和物质，让世界变得更美好，让教育变得更美好。

外在的刺激是有可能引爆内在的动力的。打一个不一定贴切的比方，就像针灸对穴位的刺激，刺激到了一定的力度和频率，内在的毛病就好了，以后不需要针灸的外在刺激了。会有学生因外在的刺激而激活了内在的写作热情。但一定也有学生内在的动力引爆不了，那也不表示外在刺激没有用，至少刺激的那个时间是有效的。就像高血压的人，服药的那段时间血压没有问题了，那就是有效。高血压病人要终身服药，没有一个高血压病人会说，这药不吃算了，一辈子吃下去谁受得了啊。有的药就是要吃一辈子的。有的刺激就是要一辈子的。

再说第二个问题。

一个班级 50 个人，将来以写作为生的人，也许 0 个，也许 1 个。假设这个班级以后以"写"为生的人是"0"个，是不是这个班就不用教作文呢？——即便考试不考作文，学生也还要写作文。正像很多人一辈子不跟化学打交道，可初中要学一门叫《化学》的功课；正像很多人一辈子都不跟电学打交道，可他初中要学一门叫《物理》的功课。作文教学不是为了培养作家，但是，作家的成长如果跟语文老师、作文教学没有什么关系，那我认定这是语文老师和作文教学的悲哀。一个语文老师教一辈子语文，也许培养不出一个作家，语文老师却不能不尽量教好作文，就像数学老师教了一辈子的数学，也许教不出一个数学家，数学课却不能不认真上，还要努力上得生动；就像化学老师教了一辈子化学，也许教不出一个化学家，化学课却不能不认真上，还要努力上得有趣。高考改革的方向是重视语文，"得语文者得天下""得作文者得语文"，作文教学要花大力气。

哪怕作文教学不是培养作家的，还是要像张老师那样用心做。这一点叶圣陶早回答了，作文是生活的需要。叶老那个年代的生活中的"写作"还不很普及，网络时代的今天，多少人每天都在发 QQ、发微信。这就是在用文字表达啊，这就是天天使用的表达啊。每天可以看到很多人发来的很多 QQ、微信里，错别字、错标点家常便饭；QQ、微信中很少能看到亮眼的表达。不少的论坛、不少的帖子后的跟帖中，很多的表达类似于泼妇骂街，比泼妇骂街更厉害的都有。这都跟儿童时期没有真实的表达，以至于后来就没有真诚的表达有关。真诚的表达是最高境界，它的基础是真实的表达。这让我想到了张老师那段有意思的话：小学老师教作文，就文字技巧也好，文心技巧也好，最终的目的不是培养

"以写作为生的专业写手"和"写作大师"，而是应该培养"说真话、写真事、抒真情"的真实的儿童。

剑桥大学教育学博士生濮实说，"语言表达能力、写作能力决定一个人的发展与未来"。一位商界的高管说他十六年来接触了无数的人，能成为领导者或者在专业上有成就的，几乎无一例外都是能说会写的，真没见过不会写不会说，能当到人力资源总监的。

想想也是，一个学校有那么多的语文老师，想要寻觅一两个不怕写、会写的人都不太容易，其他行业更不容易。不是每个人都要以"写"为生，会"写"的人却明显占了优势，我就是一个例子。得作文者得语文，得作文者得人生。

第 35 问： 每周的选稿工作量大，怎么办？

云南单老师：每周一期《班级作文周报》，老师每周选一次稿，每次选稿都有"初选"和"终选"，工作量大，时间不够怎么办？

答：

每个星期出一期《班级作文周报》，有两处很花老师的时间，一是编辑《周报》，二是选稿。编排《周报》，有三个办法可以缓解。

（1）刚开始，语文老师还是个新手，不熟练。第一期《周报》到第二期《周报》，保留第一期的文本格式，第二期只要复制、粘贴就可以了。办了七八期，成了熟练工，编排《周报》并不花多少时间，一两个课间搞定。

（2）请有兴趣的学生当编辑小助手。起初学生要老师教一下，后来学生青出于蓝胜于蓝，这一代的孩子从小泡在各种软件、APP 里长大的，稍一点拨，稍一操作，就跑到我们前面去了。

（3）请有闲暇又愿意帮忙的家长来编排。有的班级由家委会出资，录用的作文交给专业的广告公司排版、印刷，老师只负责收齐作文电子稿，发广告公司即可。

我个人倾向于（1）和（2）的结合，这两个老师可以掌控；家委会、广告公司，老师不可掌控。一期《周报》只印几十张，广告公司挣不了几个钱，有了大单子，往往顾不上《周报》，出版不能准时准点，这在"第21问：《班级作文周报》越漂亮越高端越好吗？"有比较详细的阐述。刚办《班级作文周报》，老师要多付出点时间，后面才可以轻松。从来没有一种方法，从头到尾老师都是轻轻松松的，效果又出奇的好，我不相信有这样的方法存在，如果有，我想全中国早流行开来了。

老师每个星期选一次稿子，也很花时间。为了激励学生修改自己的作文，一期《周报》的稿件要选两次，第一次，50个学生50篇作文，选出三分之二约35篇初选录用；第二次，初选录用的35篇作文，修改后，老师再选一半约十七八篇，正式录用。两次的选稿，老师都要花不少时间，有什么法子可以减少？

第一，初选，只看能不能录用。不用批改，看到错别字、错标点、病句，你手痒，要改，那是另一回事。怎么选初录用的作文？有窍门。语文老师不是报刊社的编辑，他们只管选好的。我们面对的是学生，全班学生。《周报》发表任何一篇作文都会激励一个学生，区别只是A学生还是B学生罢了。从这个意义上讲，录用谁的作文都能发挥发表的激励作用。《周报》选稿，老师不用太纠结谁的作文好、谁的不好。

第二，心中有了选稿的标准，选起来才得心应手。（1）连续发表了三次的同学，这次作文哪怕很好，也不发表了，放一边去；（2）已经连续三个星期没有发表的同学，这次的作文哪怕不好，也要发表，必须录用（这里要提醒，每次《周报》出版后，老师都要统计哪些人发表了，统计在一张表格上，下次选稿打开表格，一目了然）；（3）哪两个后进生这段时间要激励，每周都要发表，连续发表一个月，不管好或不好，都要录用（实在不好，老师私下辅导一下）；（4）哪两三篇作文特别好，发表了让大家来学习借鉴；（5）哪一两篇作文有典型问题，可以作为训练点。这样想明白了，心里有数了，选稿不纠结了，速度也快了。

第三，初选后面还有终选。初选与终选增了一道坎儿，目的是让学生回去好好修改。初选录用的作文，学生修改统一要求用红笔。第二天老师主要看红色的修改，看谁的修改多、认真、有水平。多不多，一看就清楚；认真不认真，看字迹，看修改符号；有水平，这在一段时间里，可以不考虑。老师主要看"多""认真"。对孩子来讲，修改得"多"几乎就是"认真"。有老师问我，好几个学生改得特别认真，特别多，密密麻麻，看得眼睛都要瞎了。我回答，那就不要看了，改得一片红的，马上盖章录用。改得一片红的作文，我还会拿给全班同学看，说，改得这么多、这么认真，不管改得有没有道理，都要录用！——看起来老师有点糊里糊涂，实际是肯定学生的修改态度。写作态度的重要性，比起写作技巧，有过之而无不及。

第四，老师也有忙得不可开交的日子，周一周二来不及选稿，也可以请班长、副班长、语文课代表、作文学霸帮忙。这些同学组织能力、协调能力、作文能力都强，大家服气。可以这样操作，两个男生一组，选女生们的作文；两个女生一组，选男生们的作文。也可以一男生一女生为一组，共两组，一组选 AB 版的，一组选 CD 版。要注意，第一个月的四期《周报》的选稿不能让学生参与，老师选稿一个月给出样本和导向；还要注意，参与选稿的同学要变，经常那几个同学选稿，他们也会懈怠，学生也忙啊。

第36问： 没时间批"每日素材"，怎么办?

天津何老师：最近学校活动多，每周至少两个下午有教研活动，连续两天没顾上批"每日素材"，有学生偷懒了，怎么办？

答：

办《班级作文周报》会遇到各种问题，有的问题来自学生，如没写作文投稿，录用了没有及时输入；有的问题来自老师，如老师出差了，生病了，《周报》出版不了了；有的问题来自学校，学校的活动多，学校的考试多；有的问题来自家长，家长不理解《周报》，不理解"我的书""我的报"装帧设计的意义；有的问题来自社会，不理解、不认可儿童的真话作文……不同的老师，不同的地区，不同的班级，遇到的问题有一样的也有不一样的。遇到的问题越多，成长得越快越好，一个人的高度在于他脚下踩了多少个问题和困难。面对问题的心态平和了，解决问题的方法就多了。

来不及批阅"每日素材"，学生懈怠下来了，这很正常，孩子嘛。成人拿掉了那一份督促、那一份名利的刺激，也会懈怠下来，完全自动自发的人毕竟少数。普通人都要借外力来推动。学生的外力可以来自老师，来自家长，来自伙伴。

我的建议：

（1）第一次遇到教育的繁忙季节，每一组找一个得力的学生助手批阅"每日素材"。这些学生在班级里有影响力，批出来的成绩（一颗星、两颗星、三颗星），小组成员比较认可。小助手在班级里批"每日素材"，会有伙伴去看，看的时候还会评价，这个同学的字真好看，那个同学的字真潦草；这个同学的素材好长，那个同学的素材好少。不合基本标准的，小助手要他重写，那面子丢得比老师要他重写还大。老师叫重写，有学生认为那是老师要求高，伙伴叫重写，可见不认真了。别以为老师的教育效果一定好，很多时候伙伴的教育有奇效。

（2）第二次遇到教育的繁忙季节，找三个男生小助手批女生的，三个女生小助手批男生的。这，到了高年级尤其有意思。男生当然会爆女生素材里的料；女生当然也会爆男生素材里的料。高年级学生正处于"八卦"阶段，"八卦"的力量就是影响的力量，用好了就是教育的力量，伙伴间会说谁写了什么，谁鼓舞了谁，谁批评了谁，谁刺激了谁，谁刺痛了谁，其间的教育效果不是老师可以比拟的。

（3）第三次遇到教育的繁忙季节，学生写好了素材，自己批等次；早上跟同桌互批，同桌的等次就写在作者的下面。自己批的等次和同桌批的等次一样，相互会心一笑；也会有不同，相互说自己的理由。老师批的等次往往只是单项输出，不大可能跟学生有随时的互动。

（4）第四次遇到教育的繁忙季节，中等生自己批等次；优等生和后进生结对。优等生批后进生的，要写上一两句评语；后进生批优等生的，要写上一两句感受。优等生是辅导，后进生是学习。

（5）第五次遇到教育的繁忙季节，家长愿意的话，请家长批阅孩子的"每日素材"。好多家长都抱怨，孩子根本不让看他们的日记，还说这是侵犯隐私，有了这个"互动"作业，家长可以正大光明地看孩子的素材，也是很有意思的。

老师来不及批改，请学生、家长来帮忙，方式不要单一，要变化。一次一个方式，学生因新的方式而激起新的活力。方式不止这几种，一线老师可以根据班级情况来组织、搭配和创造。回答何老师的提问时，我正在南京行知学校参加来自中国、马来西亚、新加坡的行知教育"三国论坛"。杨瑞清总校长说，"1分的选择，99分的坚持"，我惊讶于这么美好的表达。用在《班级作文周报》上，太合适，太完美了。

第 *37* 问： 办《班级作文周报》，时间精力 不够怎么办？

广东钱老师：作文只是语文老师众多工作中的一项，作文教学上投入了那么多的时间和精力，其他方面怎么办？

答：

有老师看了《我的作文教学革命（实操版）》，回去也试着办《班级作文周报》，最终不了了之，主要原因是"太忙了，没时间"。

一线语文老师忙，这是常态。一个班级 50 个学生，早上来了 50 本回家作业，加上"每日素材"，那就 100 本，一个小时也批不完；回家作业还没有批完，课堂作业来了，又得一小时。回家作业、课堂作业发下去订正，再一小时也不一定完事。那几个不肯做作业的、没背书的、默写错得睁不开眼的，又要抓到办公室，少不了一个小时。语文老师大多兼班主任，早上要去查看班级纪律，早读后要带学生出操，中午要带学生吃饭，傍晚要看学生值日……这还没涉及上课、备课，没涉及学校里的各种杂事、班里的各种琐碎事。忙归忙，可我们还是要做点自己的事。不能因为"忙"而迷失了自己，那样对得起"忙"，却对不起自己。

钱老师问得很实在，那怎么办呢？

第一，一定要取舍。办了《班级作文周报》，就不要再写教材上的作文，不要再写那些看了也没有什么用的评语。语文老师那么忙，时间要用在刀刃上。下决心办《班级作文周报》，就拿着《我的作文教学革命（实操版）》、拿着自己的设想，跟教导主任、跟校长沟通，自己想这么教作文，要把时间精力用在《周报》上。既要写教材上的作文，又要眉批旁批总批，在原有的作文教学的工作量上，每个星期增加一期《班级作文周报》，一次两次可以，一个学期两个学期，女神也做不到。做到的女神也把自己熬成了黄脸婆，那不是我们的追求。有的学校给了很好的环境，每周办了《班级作文周报》，其他可以免检，有老师还觉得太忙，那就是认识的问题了。多少年来，我们在作文教学上花的时间太少了。不少学校多年来没有作文教学的教研活动，评语只要有就行，不管有用没用，不管写多写少。跟这种很不负责任的作文教学比，每周出一期《班级作文周报》肯定要比原来的忙。这个忙，正常的忙，正确的忙，应该还上的忙。

第二，不要什么都"要"。办《班级作文周报》不错，干；绘本不错，干；喜马拉雅小电台朗读不错，干；阅读教学不能丢，评优课多是阅读教学，干。什么都要干，这个忙一点，那个忙一点；这个忙一阵，那个忙一阵，结果把自己忙死了。再一看《班级作文周报》，就它属于无中生有，害死人。冤枉啊，认真的老师不办《班级作文周报》，他也很忙。选定了作文教学，阅读教学、课外阅读放一放，就把作文教学这一"点"做好。把这一"点"挖深，挖出泉水来，这辈子这个语文老师也值了。看看周围的特级教师，他高年段比较拿手，他低年段比较拿手；他阅读教学比较拿手，他作文教学比较拿手；他整本书阅读比较拿手，他绘本阅读比较拿手……特级教师往往也只有一个拿手的领域，有属于他自己的"这一个点"。作文教学是你想要挖的一口井，其他的对付过去就好。不管怎么忙，自己要挖的那口井不要荒废，天天都去挖几锄头。也有厉害的老师，阅读教学、作文教学、整本书阅读都很厉害，但他不是同时厉害起来的，一般都是厉害了一个再厉害第二个。第一个"厉害"成了，第二个"厉害"就简单了：第一口井打通了，你会惊奇地发现，地下水都是相通的。

第三，饭要一口一口吃。哪怕是我们的"后作文教学"，你也不要什么都学，什么都想干。"后作文教学"主要有三个内容：（1）办《班级作文周报》；（2）用《周报》上作后指导课；（3）开指向写作的阅读课。看我的书、听我的课，三个内容都有。但我走了 20 年啊。办《班级作文周报》，我花了 6 年时间才成熟；研究"作后指导课"——那时候还叫"作后讲评课"，又花了我 6 年时间；指向写作的阅读课，到现在已经 6 年多。成熟一个再研究下一个；一套拳法打熟了，再学另一套；一个舞蹈练熟了，再练下一个。一口吃不成胖子。饭要一口一口吃，第一口还没有咽下去，第二口又上来了，噎着的可能性很大。

第四，麻烦是来考验你的。世上成功的人不多；成功的人都挺过了那个叫"麻烦"的阶段。没有成功的人都在考验期倒下了。办《班级作文周报》，带班一年就要办一年，带班三年就要办三年。坚持几年做一件事情，最终考验的不是有没有时间，而是有没有意志。就像早上起来跑步 20 分钟，一天两天三天五天，咬咬牙都能做到。一个月就难了，一年就寥寥无几了。晨跑太难了？花时太多了？都不是。办《班级作文周报》太难了？坚持做一个月，办四期《周报》很多人都能做到。为什么第二个月、第三个月熟练了反而做不到了？期数的增加，操作的熟练，学生的配合越来越默契，办《周报》的经验越来越丰富，一切应该越走越顺啊。——缺少坚持下去的意志。就像晨跑，有的时候下雨，有的时候感冒了，有的时候昨天睡晚了，第二天就给自己偷懒的理由了。办《周报》中途停了，或者《周报》办成了"半月刊"，情形都是类似的。

第 *38* 问： 办《班级作文周报》选不出 满意的作文，怎么办？

江西陶老师：班上就那么几个学生会写，选出的稿子都凑不满《班级作文周报》，怎么办？

答：

每个星期学生写一篇作文，向《班级作文周报》投稿。每个星期一，我都会紧张地选稿，50 个学生初选录用 30—35 篇。每次我都希望初选录用能控制在 30 篇，尽量不要 35 篇，星期一初选录用的越多，星期二终选录用时删的也多，那时的抉择更艰难。然而每次初选录用，我总在不知不觉中录用了 35 篇以上。

版面只有那么多，终选录用要控制在 17—20 篇。每次我都希望录用 17 篇，终选录用得少，排版没压力；终选录用得多，版面不够伤脑筋，暂时不发哪篇都不合适。这次发不了，跟学生说抱歉下期发，天知道下期又是怎么个状况。可每一期终选录用的作文不是 19 篇就是 20 篇，有时还会 21、22 篇。多选的作文《周报》放不下，怎么办？

有两种处理方式：（1）我跟录用的同学讲，谁的作文先发过来，谁的先发表，最后发过来的，版面已经排满了，那对不起，没有位置了。

发不发表还要看输入的速度。一些同学一到家第一件事就是输入作文，周二终选录用了。16:00 放学，16:20 就有人发作文过来。原来，小作者在妈妈的车上，用妈妈的手机讯飞语音输入，还没下车，作文已经输好了。（2）晚发过来的作文，我会放在一个备用文档里。一两个月，备用文档里的作文够出一期《周报》了，再出一期增刊，给小作者们一个交代。

陶老师会说，管老师，那是你学生会写，才有这么丰富的稿源，《周报》才能红红火火地办下去。

不是的，不是的。2000 年春办《班级作文周报》，我在一所农村中心小学，90％以上的学生来自地地道道的农村。20 世纪 90 年代，学校是县里有名的薄弱学校。当年县教育局要求"特色兴校"。有的学校搞艺术特色，有的学校搞科技特色，有的学校搞作文特色，有的学校搞阅读特色，有的学校搞地方文化特色，有的学校搞课堂特色……我们学校想想这个，弄不来的；想想那个，弄不来的。只好选了一个没难度的写字特色。10 年来，学校的主要精力在抓写字，学生的作文水平真的一般。

也许陶老师会说，学生到了你班上，他们就会写了呀。

不是的，不是的。教了一个学期，学生作文会有起色，会有变化。刚接手的那一两个月，学生作文也就那个样。可我从来不缺稿子，每次都怕录用的作文太多了，《周报》又要排不下了。语文老师选发作文，跟正式报刊的编辑选发文章是两回事。每一期《班级作文周报》的选稿，除了好的作文，还有以下几种情况，也要发表。

（1）每个月选一位要隆重推出的后进生，每期都要发表，不管好不好，只要写了就录用，就发表。

（2）连续三期没有发表作文的同学，也不管质量好不好，都要发。实在不像样的，跟小作者说，这篇作文要发表，还有点问题要请你改一下。每一期《周报》谁发了作文，我都会在统计表上打一个勾。第四期《周报》，我会看一下前三期，凡连着三期没发表的，破格录用。

学生不是作文好才在《班级作文周报》上发表的，而是在《周报》

上一次又一次地发表，有了动力，想写了，愿写了，渐渐爱上作文了，愿意写作文了，作文好起来了。

（3）特殊家庭的学生。如教师子女，同一战壕里的，自然能多发一篇就多发一篇。带班总有磕磕碰碰的，你照顾同事的孩子，同事一定会来帮你。

（4）有的作文不怎么好，可有一个地方可以引出一个不错的训练点，也要发表，课上当"例子"用的。

（5）读了《周报》，写了读后感，写了争鸣作文，要录用。"读后感"说明有人读得仔细，作者肯定开心，还能提升《周报》在大家心目中的地位；"争鸣"则是同学们最爱看的"八卦"，也让同学明白作文要想清楚了再写。

"矮子里拔长子"，50 个矮子里，总能排出前 20 名吧。那前 20 名就是优胜者，作文发《周报》上。《周报》选稿子，没有固定的标准。就像高考，没有一个固定分数，说达到这个分数可以上北大了，那个分数可以上南大了；这个分数可以上北师大了，那个分数可以上南师大了。分数只是一个排名的依据，关键看排名。

《班级作文周报》上稀稀拉拉没几篇作文，总那几个优等生的作文，那永远只有那几个经常发表的人会写。其他学生认为自己跟《周报》没关系，《周报》也就没戏，《周报》也办不好。要想办法把全班同学都卷进《周报》里来，每一期《周报》都排得满满的，每一期都有那么多同学上报了，越来越多的同学的作文和名字上报了，越来越多的同学都以作文能上《周报》为荣了，《周报》就办成了。

越是作文不好的学生，越要多发他的作文；发表的次数越多，他的兴趣越浓，动力越足，作文才会好。你不给他们机会，他们永远不会成功。越是后进生越要多给他们机会，给一次机会他们抓不住啊。

第 *39* 问： 这次的讲评，可以作为下次选稿的标准吗？

吉林李老师：作后讲评课里所讲的内容，可不可以成为下次选稿的侧重点？讲评什么关注什么，别的暂时忽略，从而起到强化的作用。不然，讲过的内容，过段时间老毛病又犯了。

答：

我看到了李老师的真心和用心。

《班级作文周报》和"《周报》讲评课"是一个整体，只是在精力不够的情况下，可以侧重一个。两者都比较熟练了，那要考虑它们的关系，就像李老师所问的。

我有三个建议供李老师参考，也供大家参考。

（一）讲评课上学了"关联词"病，下次选稿要消灭"关联词"病，不然不录用；下一节讲评课学了"我想"病，下一次稿子要消灭"我想"病，不然不录用。这是可以的。要注意，"今天"病、"时间"病、"重复"病……一个一个慢慢教，这节课教了一个，下节课不要教了，复习一下即可。一个学期教四五个语言"病"，改四五个语言"病"。一哄而上，教了很多，学生消化不了，老师说不消灭这些"病"不录用，那不只跟学生过不去，也是跟自己过不去，跟《班级作文周报》过不去。还是老话，小步子，不停步。步子足够小，小到90％以上的学生都能单独跨过去。一小步一小步，一段时间后，那就是跨了一大步。

（二）讲评课上学了动作特写，下次选稿是不是一定要有动作特写？讲评课上学了说话句提示语"前中后"三种形式，下次选稿是不是一定要有三种形式的说话句？讲评课上学了对称的语言，下次选稿是否要求要有这样的语言？不是的。

（1）上一次学了说话句的三种形式，下一次的作文不一定有丰富的对话，不一定能用上呀。动作特写、表情特写、环境特写，也会如此。一篇写人的作文，有的用了外貌描写，很不错；有的没有用外貌描写，也很精彩。没有哪一个技巧是百搭，每一次作文都能用上、都必须用上的。

（2）写作文第一重要的是表达自己内心的情感和看法，就像我们说话，第一重要的是说出自己的情感、说出自己的观点、说出自己的需求，至于用怎样的语言、怎样的技巧，那是第二位、第三位的。选稿看重上节课教的语言技巧，学生作文的第一目标就变味了。作文变成了技巧至上，那是歪道。还有，作文技巧不追求"学以致用"；作文技巧往往"学以备用"。昨天背的古诗不可能今天就在说话、作文里用上；它往往在一个情境和需求下，自然而然地跳出来了。作文技巧跟日常积累的语言材料一样。自然而然"跳出来"的技巧就是"活"的技巧。

（三）李老师说，"讲过的内容，开始学生还注意改正，过段时间老毛病又犯了"。这很正常，默过的词语、背过的课文也会忘。也不只语文，数学也这样，上次错的订正了，下次对了，下下次又错了。所有的学科都会"老毛病又犯了"。戒烟的人大多会复吸；改掉的坏习惯会复发。课上讲的作文知识，要经过很多次的训练和实践才能转化为能力。不能指望一蹴而就，步子要小，方向要明。

写到这里，我想表个态，李老师的想法我持否定的态度。否定的另一个原因是：不是每一个作文知识都要转化为作文能力的；不是每一个作文技巧每一个学生都要掌握。就像练武，不是每一个拳法、套路都要会。自己有拿手的就可以了。作文技巧上的"扬长避短"，我是这样理解的："扬长"就是最好的"补短"。擅长描写的就好好地描写，擅长抒情的那就好好地抒情，擅长议论的那就好好地议论。不一定要勉强抒情的人去学议论，也不一定要勉强议论的人去学描写。要课程论专家去写小说，大概 99.99％都会吃力不讨好。当然，两篇作文差不多，可以选用有上节课训练点的那篇，便于老师开展连续训练，也给同学们一个信号，你看，有人已经学会了，运用了。

作为基础教育的小学毕竟有普及性、普遍性。内心特写，一般都要。可是，课上练一次两次掌握不了，三次也够呛。外貌特写，动作特写，表情特写，环境特写，都是如此。那怎么办呢？用好"每日素材"。

训练动作特写的那两个星期，六七行的"每日素材"（"每日素材"启用后，第一个月每天记 3 行，第二个月 4 行，第三个月 5 行……到第六个月 8 行为止。我们的要求，每个月多写一行，写的时长不变），每天记录那一个事里的"动作特写"，一周至少写三次，另两次自由写。一周三次，两周 6 次，训练量差不多了；给两次自由写，有的同学不擅长动作特写。动作特写不是好作文的标配，不必过于刻意。

第40问： 学生喜欢写消极的情绪作文，怎么办？

江苏金老师：孩子喜欢写打闹、矛盾、苦恼等，此类"消极作文"常发《周报》上，会不会负能量多？考试都考积极向上、充满正能量的，如以"关爱"为题写作文，写班级"牛人"等，我该怎么办？

答：

作文里写"同学矛盾""学习苦恼"，那不是"消极作文"，那是"真话作文"。中国儿童物质生活从来没有像今天这么丰富，却也从来没有像今天这样精神负担大、压力重。学生用手中的笔倾泻心中的矛盾和苦恼，他们有了一个倾吐的窗口，心理会更健康。一味地积压、堆积，突然有一天全面爆发，那才可怕。

感谢所有允许儿童写小矛盾、小疙瘩、小不满、小苦恼、小心碎的老师们。成人看到的作文里的"小矛盾、小疙瘩、小不满、小苦恼、小心碎"，于儿童来讲，实是"大矛盾、大疙瘩、大不满、大苦恼、大心碎"。小的时候，早上爸妈出去干活了，喝粥时，我一不小心打碎了碗。我忐忑不安去地去上学，忐忑不安地上语文课数学课，忐忑不安地回家吃午饭，又忐忑不安地去上下午的学，忐忑不安地上体育课，忐忑不安地上活动课，忐忑不安地回家，我紧张死了，没想到阿爸轻描淡写地说，碎都碎了，以后当心点。

没有《班级作文周报》，学生写多少"消极作文"，也就是我眼里的"真话作文"，中性地来讲叫"情绪作文"，都没关系。《班级作文周报》上，这类作文发不发，发多少，怎么发？的确要考虑。因为发出来和不发出来，有很大的不同。好的方面想，发出来了，心头的那个"结"彻底打开了；不好的方面想，发出来了，会引发类似的宣泄。

要允许学生写"情绪作文"，学生在写"情绪作文"中，感受到写作文的"快感"（很多时候的"哭"都带有强烈的快感），感受到作文没有以前那么难，明白作文就是写自己的事儿、自己的情绪。这些对作文教学来说是弥足珍贵的宝贝。一段时间里，学生乐此不疲地写"情绪作文"，表达的灵性和悟性得到了开掘，那时，老师再跟学生说，考试作文要多写"积极的"，三四次训练后，日常"情绪作文"好的同学，大多很快转过来。没有哪一个学生不希望期末考试拿个好分数的。

作文无法绕开考试。从应试的角度来说，日常的"真话作文"（消极作文）是为了练好学生表达的基本功，是为了端正学生的作文动机——写作是表达真情实感。这些基本功练好了、作文动机培育好了，考试前"转换"一下，不是什么难事。本事练好了，打 A 还是 B，枪口换个方向而已。怕的是，枪口对准了想打的目标，发现自己根本没本事。

日常的"情绪作文"经常刊发在《周报》上，会有负面效应。不过也不用着急，老师可以"调控"。房价那么猛涨，政府一出手，一调整，就控制住了嘛。

调控策略一：适当控制"情绪作文"的发表量。《周报》上发这篇还是那篇，老师说了算嘛。一期《周报》可以有三五篇情绪作文，那还有十多篇向上的作文、正能量的作文呢。不排斥、不敌视儿童的"情绪作文"，不等于所有儿童的作文都是"情绪作文"，教育不可能非黑即白、非白即黑。忠臣的后人也有叛徒，汉奸的家庭也有忠臣，据说秦桧的后人都很不错。

调控策略二：一个阶段里，学生的情绪作文比较多，那么，"每日素材"可以写"定向素材"，如"每天为班级做一点""班里的笑声"

"向自己发起挑战"等，这样，学生作文自然暂时离开消极情绪、消极信息。要啰嗦一句，这不是说以后都这么"定向"。特效药往往都有副作用。只要副作用不危及健康，副作用低于正作用，特效药还是要的，还是非常有必要的。副作用来了，暂停一段时间，调整好了，再服用。"情绪作文"就像作文的特效药，能迅速点燃学生作文的欲望：哟，这也可以写作文啊，那我可有好多话呢。

调控策略三：几篇"情绪作文"的话题比较集中，如毕业班集中吐槽作业多。学生的吐槽一点也没有错，毕业班的作业是多嘛，吐槽一下的权利总要给儿童吧。担心吐槽影响士气、影响毕业考试，不妨顺着学生的"吐槽作文"，开"如何面对毕业班的作业"的班会，而不是一棒子打死"吐槽"。作文没有错，内容没有错，儿童也没有错，心平气和地告诉学生，我们无法躲避也无法逃避，我们流着泪吐槽一下，然后一起笑着面对。

第41问： 个别学生总爱写他人的缺点，怎么办？

海南的蒋老师：学生喜欢并擅长写调侃他人的作文、针锋相对的作文，不喜欢写也写不好他人优点的作文，怎么办？

答：

这不是写作的问题，而是"人心"。这是"道"的问题，而不是"术"。习惯看人的缺点，不习惯看人的优点；习惯看别人的缺点，不习惯看自己的缺点，芸芸众生的常态。谁的工作量少了，谁的奖金比我多了，常有的想法。很少会去想，谁的工作量比我大了，谁的奖金比我少了。工作量比我大，都是应该的，奖金比我少，都是活该的。自己工作量大了、奖金少了，全天下最不应该的。这是人性中普遍存在的"恶"，人一辈子的道德修炼，无非跟这些"恶"作自我斗争。很遗憾，无数人一辈子（包括我）都无法清除腐蚀了我们一天又一天的看起来小小的"恶"。

学生喜欢写"调侃他人""针锋相对"的作文，是人性真实表现的一个方面。

好的习惯要很多时日才能形成；坏的习惯瞄一眼就过目不忘。成人世界里，圣人太少，每个成人都自带缺陷。生在有缺陷的成人世界里的孩子，自然学到很多缺点。有一种说法，学校负责孩子的知识和能力，家庭负责孩子的道德和习惯。这个说法有点片面，也有点道理。孩子看到别人的缺点还是优点，跟他从小生活的家庭教育有着密切关系。当然，跟学校教育也关系密切。大体而言，老师在校园里的表现要比家长在家里的表现，更有约束感，更有正面教育意义，因为老师在学校里的举止是一种工作行为，而家长在家里的行为是一种自然行为、放松行为，乃至放纵行为，出现负面影响的可能性更大更多。"好妈妈胜过好老师，好家风胜过好妈妈"，也有相当的道理。

毕业季，男生在毕业纪念册上写得最多的一句话叫"怀疑一切"，导致教导处勒令男生上交纪念册，全部销毁。纪念册销毁了，马克思的"怀疑一切"的名言却一辈子也忘不了了。那个年龄正是怀疑的年龄，怀疑的后面是质疑，质疑的后面是改进，怀疑推动了世界的发展。高年级部分孩子进入青春期。他们的独立意识在萌芽在生长。他们开始用自己的眼光看身边的事情，他们看出来的世界跟成人不一样，也跟身边的伙伴不一样。一个班级，有的孩子发育了，有的孩子还没有发育；有的孩子还像个小屁孩，有的孩子已经是小大人了，他们之间有共同语言，也有不同语言。到这里，我做一个小结，蒋老师所说的现象是正常的，没有这样的学生反而不正常，说明学生作文说的不是真话，而是迎合成人、迎合考试的话。

蒋老师提问的背后，考试作文一般要求写他人的优点，学生不喜欢写、不会写，考不好怎么办？有两个办法可以一试。

（1）A同学老写别人的缺点，那么约别人也写他的缺点。写了一段时间，让B同学写A的优点，发在《周报》上，再请C同学写A同学的优点，也发在《周报》上。连着两三期的《周报》，A同学感受到被人称赞的喜悦。这个时候，老师可以找到A同学，聊一聊这个美好的感觉，作为回应，请A同学也写一篇夸B同学或C同学的作文。

（2）期末考试前做一个专题训练，叫"换个角度看事实"。给学生看一张纸，一面是白色的，一面是黑色的。问学生这张纸是什么颜色的。看到白色面的说白色，看到黑色面的说黑色。每个东西都是立体的，你看到的那一个面只是立体的一个部分。站的地方不同就可以看到不同的部分，站的角度不同就可以看到不同的部分。不喜欢他的人说他"狡猾"，喜欢他的人说他"机智"；不喜欢的人说"老师凶、严厉"，喜欢的人说"严师出高徒"。我出示大家熟悉的课文《狐假虎威》，再出示改过的《狐假虎威》：

在茂密的森林里，有只老虎正在寻找食物。一只狐狸从老虎身边窜过。老虎扑过去，把狐狸逮住了。

聪明的狐狸眼珠子骨碌一转，扯着嗓子问老虎："你敢吃我？"

"为什么不敢？"老虎一愣。

"老天爷派我来管你们百兽，你吃了我，就是违抗了老天爷的命令。我看你有多大的胆子！"

老虎被蒙住了，松开了爪子。

狐狸摇了摇尾巴，说："我带你到百兽面前走一趟，让你看看我的威风。"

老虎跟着狐狸朝森林深处走去。狐狸镇定自若，大摇大摆；老虎半信半疑，东张西望。

森林里的野猪啦，小鹿啦，兔子啦，看见狐狸大摇大摆地走过来，跟往常很不一样，都很纳闷。再往狐狸身后一看，呀，一只大老虎！大大小小的野兽吓得撒腿就跑。

原来，聪明的狐狸是借着老虎的威风把百兽吓跑的。

文中的关键词"狡猾"改为"聪明"，相关的"神气活现，摇头摆尾"改为"镇定自若，大摇大摆"，狐狸就从"坏蛋"变成了"好蛋"。

再出示一篇写"老师凶、严厉"的作文，另一篇则改了关键词，变成了"严师出高徒"，故事一模一样。我告诉学生，考试中，第二篇作文至少要比第一篇高出 10 分。老师也是人，人心都是肉长的，谁说老师不好，评分老师心里不舒服；谁理解老师的苦，老师心里舒服。妈妈心里不舒服，你跟她要钱往往自讨没趣。妈妈心里舒服，多要几块都没事儿。

"老师占课"换个角度可以说"老师责任心强"；"老师套路深"换个角度可以说"老师有办法"；"同学爱打小报告"换个角度可以说"老

师的好帮手"；"马屁精"换个角度可以说"情商高"……期末考试，学生总希望作文能得高分，这法子可以救急。至于根子上的"心"会不会转过来？有的人一辈子都改不过来。

第42问: 《班级作文周报》可以发这样的作文吗?

湖北胡老师:有人指名道姓地写后进生的缺点和糗事,能发在《周报》上吗?发了伤害到后进生怎么办?

答:

听说,王氏家族有一项绝世武功——拖作业大法。我非常幸运地目睹了此法,并与之进行了一番较量。

王氏家族第N代传人王保利,课堂作业已拖欠多时,身为组长的我决定前去催讨。不愧是练"拖作业大法"的,放着作业不写,在座位上与人侃大山。我来了一招开门见山:"王保利,快交课作!""等会儿,我还有个记分格没画。"他边说边埋头找文具,"咦,笔哪去了?我去借一支笔!"画个记分格应该很快,我暂时丢下他,去催其他同学。

催了一圈,再次来到王保利座位旁:"作业呢,还没画好记分格吗?""我这不是没有借到笔吗,让我怎么画啊?"噗,这一招果真厉害,差点让我气到吐血。我只好放杀手锏:"要是在中自习后,还没有写好作业,嘿嘿,我就去告老师!"这招貌似有点作用,王保利痛苦地挥了挥手:"知道了,知道了。"他拿出作业本,写起了作业。我这才发现上了他的当,哪是没画记分格,根本一字未动。我真是服了他了,这作业人家课上就完成了,他竟拖了半天没动。

中自习后，我继续去"讨伐"那位"传人"。没想到，他座位上已是空空如也，只留下了课作和回作堆成的"作业山"。从那座"山"里，掏出他的课作本打开一看，顿时怒发冲冠，才写了个课题！我立马留了一张字条：王保利，要是你还不写作业的话，你就等着瞧吧！写完了，重重地扣在了他的"宝座"上。上课铃响了，他才不知从哪个旮旯里冒出来。当他看到那张字条后，什么也没说，直接扔进了垃圾桶，气得我上气不接下气，把牙齿咬得"咔嚓"响。

盼着，盼着，终于把课间给盼来了。我怒气冲冲地给他一个下马威："王保利，给我待在教室里，把作业写完！""我去上个厕所。"还没让我反应过来，他便飞也似的冲出门去。我在教室里等他：一分钟、两分钟、三分钟……七分钟过去了。我实在忍无可忍，跑出去想探个究竟，原来他已经愉快地"飞"走了。

看来，王保利已经把"拖作业大法"练得炉火纯青了，想要战胜他，可不容易。

有老师担忧，《王氏拖作业大法》发在《班级作文周报》上，"王保利们"会受到伤害，会在班级里抬不起头来。这，只是大人们一厢情愿的想法，儿童的世界也许是另外一个样子的。

第一，后进生看重"存在感"，而不是"成就感"。成就感他们够不着啊。很多后进生课上不断跟老师抬杠，课下不断惹是生非，他们只是想刷一下存在感。一个班级五十个学生，不少学生一天下来也没跟老师说一句话，甚至也没跟同桌说什么话。为了不影响他人，调皮捣蛋的后进生还被安排单独坐，连个刷存在感的同桌也没有。后进生心里也知道，跟老师对着干后果很严重，然而不这样子，他们一点存在感也没有，"有的人活着他已经死了"，"王保利们"感同身受。《班级作文周报》发了《王氏拖作业大法》，"王保利们"至少刷到了存在感，存在感往往伴随着幸福感，哪怕同学在作文里拿他开涮。

第二，可以用好它刺激后进生写好作文。我会约那个捣蛋的后进生写读后感，《班级作文周报》优先发表。可以反驳，也可以承认。反驳的，下周一原作者还会"反"他的反驳，一来二往，后进生因此也能发几篇作文，这样的争鸣看戏的人多，《周报》的影响力一下子暴增。承认的，下一周约他写自己的改变，"每日素材"也写自己的点滴变化，不只把别人的批评化作行动的指南，还能再次在《周报》上露脸。这等于给他们一个机会，要是有心可以马上试试。

第三，后进生们的耐挫力最强悍。担忧后进生受伤害，那是小看了他们。"王保利们"没学到多少知识，考不出一个像样的分数，他们一天一小挫、三天一大折，每天都会为没完成的作业而不受大人待见；学校里，每三天就有一门功课要单元考试，不是语文就是数学，不是数学就是英语，成绩不好属于家常便饭。他们才不会为这点小事伤心三天两夜。

第四，伙伴的评价比老师更有力量。以前面的作文为例，王保利拖拉作业，每个任课老师都跟他交战过，交战的回合可以以百次、千次计，没用。"王保利们"不怕老师不待见，怕伙伴不待见。伙伴的作文一发出来，从伙伴的作文里看到自己的影子，这个影子的真实性他会信，老师苦口婆心的教育和劝说，他们认为老师故意找他的茬。同学可以写熊孩子的作文，《周报》可以发熊孩子的故事，稍加留意、稍加利用，会焕发出意想不到的功能、功效。

第五，"好孩子"的故事总是那么相似，"熊孩子"的"是非"却层出不穷，永远写不完。王同学和全班同学一起生活了三年，临毕业了，最后一期《班级作文周报》的主题是"临别赠言"，提供《王氏拖作业大法》作文的老师告诉我，有一半同学提到了王同学，感谢他在三年里源源不断地提供了写作素材，王保利的调皮捣蛋给班级生活增添了不少乐趣。

《班级作文周报》可以发这样的作文。只是要记住，不是发了就完事了；发了之后，教育工作才刚刚开始。

第 43 问： 学生写不喜欢数学老师，怎么办?

辽宁王老师：办《班级作文周报》一个学期，学生明显喜欢作文、喜欢语文而不喜欢数学，作文常有人写数学老师不好。不允许学生写吧，那会封闭了学生的真话意识；允许学生写吧，学生会不会越来越不喜欢数学，我怎么办?

答：

王老师的《班级作文周报》办得很好，学生都愿意说真话，说真话的《周报》大家爱读，《周报》的人气旺了，大家越愿给《周报》写稿，作文兴趣自然高涨。

我们实行分科教学，分科教学有它的好处，语文老师只教语文，数学老师只教数学，专业性会更强些。分科教学也有它的短处，语文老师总希望自己的语文好上加好，数学也是。语文老师、数学老师、英语老师是分开的，学生却还是那一帮学生，喜欢语文了，语文上投入多了，数学或英语自然少了。一个班级的语文老师特别强，数学就会受到影响，反过来也是。我们熟知的美国老师雷夫，一个人教一班，几乎五年级的所有学科都是他教的，这样也有好处，综合，不会偏科。

能这样想的王老师真了不起，种好了自己的田，还想着别人没种好的田，要帮别人一把。帮的不只是别的老师，也是自己的学生，学生的中考、高考最终看的不是单科成绩，而是综合成绩。帮的不只是别的老师和自己的学生，也是自己。有的数学老师会在背后阴阳怪气地说，学生怎么考得好数学呢？瞧他们整天想着写作文，办《班级作文周报》!

《班级作文周报》办好了，《班级作文周报》的威力发生了，王老师说的情况真会出现，怎么办？

第一，尽量不要在《周报》上发学生写不喜欢数学的作文。胸襟大一点的数学老师不会怪写作文的学生，却会怪发这篇作文的语文老师：你这是什么意思？出我的洋相还是拆我的台？胸襟小一点的老师不只迁怒语文老师，还对那个学生也记恨在心，从此那学生的数学更完蛋了。不发学生的作文不是不公平，而是在暗地里帮他。有一些功德是别人看不见的，那叫阴德。从作文教学的角度，那学生难得写了这么一篇敢于说真话的作文，一定要发，好鼓励他，好让他明白作文就是说说真话，那怎么办？语文老师一定要修改，改到别的人读到这篇作文，不知道写的是数学老师还是语文老师，不知道写的是这位老师还是那位老师，但是，班上同学看了都知道写的是谁。怎么改？改一个学校，改一个人名，改一个老师，事情不变，里面的人名、地名全变了，那就是"艺术的真实"。

第二，从学生的真话作文中了解到王老师所说的情况，那要向班上的数学尖子生——班上总有学生的数学不错——约稿。对学生来讲，考试成绩顶呱呱了，就喜欢这门学科了。请数学尖子生们写自己解出数学题的快乐，写自己数学考了 99 分、100 分的幸福。《班级作文周报》具有舆论功能，上面发"数学难难于上青天"的作文，学生会越来越讨厌数学了；发数学尖子生们的"幸福数学""快乐数学"，会给全班同学一个信号，数学也可以学好的，数学也可以快乐的，你说数学不快乐，那是你没学好。

第三，再约请数学尖子生写"学好数学的秘籍"的作文，连续几期《周报》都发。不想学数学的，总体上数学考不好，考好了也会喜欢。作文里流露不喜欢数学的，往往对语文老师很信任，往往很喜欢《班级作文周报》，在他们喜欢的《班级作文周报》上读"怎样学好数学"的作文，那是别样的教育。不要以为这会荒了自己的田。有的数学尖子生的语文成绩不怎样，作文尤其不怎么样，如今写自己得意的数学学习、数学成绩，明白了作文就是写自己拿手的，他也会由此喜欢上作文。

第四，发了数学尖子生的"快乐数学"的作文、"学好数学的秘籍"的作文，要有意无意地给数学老师看。比如，这一期选一篇"快乐数学"的作文，单独打印，贴在黑板上，题目要大，题目要出现"数学"两字，如"数学真快乐""我的数学考了100分!"。作文的题目没有"数学"两字，语文老师帮他改一下。数学老师上课总要写板书，一眼瞥过去看到"数学"两字，100％会吸引过去，100％会看完。这对数学老师是一种激励，有孩子这么喜欢数学，自己要教好，也一定能教好。学生要激励，老师也要激励。数学老师看到语文老师刊发这样的数学作文，他对语文老师的态度也会从隔阂到理解，到支持。

第 *44* *问*： 想开"教师千字文"，版面不够怎么办？

重庆许老师：平常我喜欢动动笔，看了樊老师的"教师千字文"，也想在《周报》上开，可班上 60 个学生，版面全给学生都不够，怎么办？

答：

樊老师在《班级作文周报》上开了"教师千字文"栏目，每一期《周报》发一篇她写的千字文。

樊老师怎么会想到在《周报》上开自己的千字文呢？事出偶然。学校要求青年教师每周写一篇教育随笔。每个星期五的语文课，学生在教室里安静地写"每周一稿"，写好后向《班级作文周报》投稿。学生写，樊老师也写，写她的随笔。老师和学生在教室里一起写，真的做到了"师生共写"。有的时候樊老师先完成，笑着说"我写好了"；有的时候学生先完成，得意极了，"老师，我比你先写好"。写作文有时挺难熬的，不要紧，一起写的日子，就像有人陪着你一起走过难熬的那一刻。

樊老师每一篇写 1000 字左右，学生的作文 500 字左右。学生说，500 字的要求不算高，老师写了我们两倍呢。什么是高要求？什么是学生反对的高要求？老师从不写日记，却要求学生写日记；老师从不写周记，却要求学生写周记；老师从不背古诗，却要求学生背古诗。一个老师当着学生的面把 75 首古诗一口气背出来，我相信，他要求学生也背出来，学生不会有什么啰嗦的话。樊老师的千字文就起到了这个看似无用、实则很有用的效果。

樊老师写上课的故事，写课间的故事，写家里的故事，写给儿子的信……这些千字文受到了同学们的追捧。《周报》一发下去，所有的学生马上去看樊老师的文章，看看老师写了什么，看看老师的文章里又提到了哪几个同学。因为老师每周一篇的千字文，同学们读《周报》的热情调动起来了。千字文里写到的正能量，得到了宣扬；写到的负能量，通过《周报》这块舆论平台，起到了委婉又别样的教育作用。

樊老师说，有了千字文，家长们也自发地看起了《周报》，写到班级里的事情、上课的事情，家长自然想看想了解。樊老师写给儿子的那一封封信，家长更看得津津有味，因为这个时候老师的角色变了，成了母亲，成了和家长一样的家长。樊老师说，以前很少有家长跟她交流《周报》上的内容，自从有了千字文，遇到来接孩子的家长，几乎都会说起她的千字文，以及千字文里的故事。

写了一篇又一篇的千字文，樊老师的写作能力提高了。是的，写着写着你就有水平了，有的人想等自己有了水平再去写，那样的人一辈子都不会写。樊老师说，自己有了写作的甘苦得失，作文指导很自然地举发在《周报》上的千字文，一说，学生马上心有灵犀。樊老师说，没想到这些千字文还帮我更好地教作文。这就是我常说的"写作实践系统"，一个老师有了"写作实践系统"，他的教一定不一样，他的教由内而外；只有"作文知识系统""作文训练系统"而没有"作文实践系统"的人，他的教是外在的，缺少了从心底流淌出去的温度。

樊老师的千字文写了一篇又一篇，转眼已经 100 来篇了。我跟樊老师说，千字文你要写下去，它是你《班级作文周报》的一个特色。我跟樊老师说，再过一年，你的千字文可以结集出一本书，"管建刚名师工作室丛书"向你约稿。

办《班级作文周报》，我从魏书生老师那里学来的。我在魏老师的基础上，往前走了一步，变成了《班级作文周报》。我办《班级作文周报》的经验，也只是所有办《班级作文周报》的老师经验的一部分；我所提供的依托《周报》建构的动力系统，也只是一部分而已，里面一定还有更广阔的东西，还有待开掘。

办《班级作文周报》快 20 年了，有人说"熟悉的地方没有风景"，我说不是的。只要你走到深处，每一个地方都有一片意想不到的风景。没有一个地方每一寸土地都被人丈量过的。那片熟悉的土地上一定有陌生的、新鲜的、没人留意的，哪怕只有一寸。比如，樊老师在《班级作文周报》开创的"教师千字文"。就这么一个小点，走下去，居然有那么多的美好。

我把樊老师的"千字文"的故事，发在"后作文时代"公众号上，引起了一些老师的兴趣。像提问的许老师，她所说的，的确是个真实的存在。

怎么办？

（1）带班级办《班级作文周报》，第一年假定是四年级，那时学生作文比较短，老师就可以写千字文发在《周报》上。年龄越小，向师性越强，越会一期不落地看老师的文章，会从老师的文章中获得作文的养料，老师的文章写班上的故事、生活中的故事，他们也会写班上的故事、家里的故事；还会从老师的"一期不落"中获得力量。我不太赞成学生写日记，太多老师没有写日记的习惯，自己做不到而去要求学生，这一定也会投射到学生的心灵上。教育没有中间地带，要么好的投射，要么坏的投射。我很担心学生由此得到一个投射：当了老师，就可以对学生发号施令，而老师自己却可以不遵守那"号令"。长大后学生会认为，只要比别人职位高、官衔大，就可以对他人发号施令，而自己可以在"号令"之外。五年级了，学生的作文越来越长了，《周报》可以不发老师的千字文，老师的千字文可以发微信朋友圈或者微信公众号。每一期《周报》，我们都选出五篇好作文，配上小作者的彩色照片，发在老师的微信朋友圈，朋友圈的最后一篇是老师的千字文。这样，学生看那朋友圈的参与度一定会提高，有老师的文章压轴嘛。还可以让学生看到，老师还在不断地写，并且不占《周报》的版面。

（2）四年级办《班级作文周报》，上学期可以用小四号，行间距大概"单倍行距"；下学期可以用五号，行间距大概"固定值12磅"；五年级可以用小五号，行间距大概"固定值11磅"；六年级可以用六号，行间距大概"固定值10磅"。四五六年级，三年里《周报》的空间要逐渐释放。慢慢释放了，四五年级的那两年，老师的千字文都可以腾出空间发的。五年级用小五号字体，老师的作文可以挤一挤，用六号字体。老师的文章字体即便蚂蚁一样小，学生也会认真读。

（3）到了六年级，学生作文越写越长，1000字也常有，《周报》发学生的作文都嫌版面不够，何况老师的千字文？这个时候，老师和学生一起来做一件事——压缩作文。一篇千字文压缩到五六百字，那叫"浓缩的是精华"。浓缩的过程是一个非常好的修改过程，非常锤炼一个人的表达能力：哪些留？哪些删？哪些压缩？这里面的学问只有一次次地亲身实践，才会明白，才能掌握。六年级，我跟学生说，作文满1000字的，初选肯定录用。但终选有一条原则——把作文压缩到五六百字。老师带头压缩。老师给大家看自己的千字文的原稿，再发压缩后的600字，学生也会以能压缩为荣。这也在一定程度上缓解了版面的问题。

（4）每个月出一期增刊。一期增刊发10000字，一个月4期《周报》，老师的四篇千字文不过4000字，还多出6000字可以发学生的作文呢。很抱歉，这增加了老师的工作量。工作量也可以有缓解的手段，如培养小助手收作文、编《周报》，详见"第37问：办《班级作文周报》，时间精力不够怎么办？"。

（5）采用点非常手段。这一期《周报》版面不够，多了两篇作文，拿掉两篇优等生的，他们的发表机会多，班上有10个作文不错的，每人拿掉一次，可以缓解一个月的发表压力。拿掉的好作文发在老师的朋友圈里，张贴在班级显眼的墙面上，并且，下一期的《周报》的"上期佳作"里，写上这两篇作文的题目、作者名字，感谢他们让出版面给其他同学。

第45问： 办《班级作文周报》，怎样让优秀学生更优秀？

福建蒋老师：优等生很容易上《班级作文周报》，他们态度马虎了作文还是能上，只是看不到他们的进步，怎么办？

答：

办《班级作文周报》，优等生经常上《周报》，他们的作文热情比中后等学生高，这比较容易理解，也比较容易做到。成也萧何、败也萧何，正是容易上《周报》，有的优等生只用了80％的力气写的作文，也上了《周报》，久而久之，他们在重复自己的那点"优秀"，而不是从"优秀"走向"卓越"。

蒋老师的问题很有价值、很值得关注。

要让优等生走向卓越，根本问题不在技术训练。技术训练，对中等生最有效。优等生走向卓越，在于给他们树立更高更强的目标。他们的目标不能局限于发表在《班级作文周报》上。他们的心里有了更高的目标，挑战作文潜能的目标，作文更优秀那是自然而然的了。

有什么招数？

（1）每周要评选"上期好作文"。每一期的《周报》，我们会在星期一早上，贴在班级的大门上，每一位到班级门口的同学，都会用红笔在自己认为最好的两篇作文的题目旁边，打上一颗红五星。所有的同学都到了，所有的同学都在《周报》上打过红五星了，这一期《周报》的好作文也出来了。这张《周报》在大门上保留一天，红五星多的作者会很光荣，他们是这期《周报》的"好作文"呀。获得好作文的大多是优等生，久而久之，这给上了《周报》而没有评上"好作文"的优等生一个新的目标：成为有很多红五星的好作文。

（2）每一期《周报》都会有一篇"头版头条"，即放在报头下的第一篇作文。所有的同学都知道，放在这个位置的作文，是老师选出来的这期《周报》上最好的。这篇好作文，星期一不用大家打红五星的，而是老师亲自打上一大片红五星。并且，发下《周报》的那个双休日，这是唯一一篇老师规定的，每个学生要认真阅读的，要在一旁批注学习心得的，下周要检查的。这自然也会给优等生带来更上一层楼的目标。

（3）分版面投稿，《我的作文教学革命（实操版）》一书里说的，分"精华版""大众版""升级版"。优等生的作文自然会去投"精华版"，优等生跟优等生比拼，目标自然不一样，写作文也就不敢懈怠。这次作文没写好，优等生投了"升级版"，那他心里一定会有一个声音在呼喊：精华版，下次我一定会回来的！

（4）优等生的作文推荐到报刊社，争取正式发表。只要班上时不时有作文正式发表，时不时有人拿到稿费，就会刺激到作文优等生。一个优等生发表一篇作文，往往有四次"刺激"的机会：第一次，报刊社编辑在QQ上告知作文录用了，好消息就可以发在马上要出版的那期《周报》上；第二次，作文正式发表后，老师第一时间找到那份报纸或杂志，隆重宣布，全班朗读，复印件贴在作文墙上；第三次，这一周的《周报》上发布同学在哪个报刊上正式发表哪一篇作文的消息；第四次，来稿费单了，跟老师、稿费单合影留念。一个班上一个学期有四五个学生发表四五篇作文，相当于每一个星期都有这样的消息刺激、激励着优等生。必要的时候还可以规定，凡要评"班级诺贝尔文学奖"的，必须有几篇入选"上期好作文"，必须有几篇上"头版头条"，或者必须有一篇在正式报刊上发表。

（5）每个星期我都会从《周报》上选出两篇好作文，用红笔细致修改，小到一个标点，添加一个细节，大到调整顺序，删掉无用的段落，改得密密麻麻。改好后，先给小作者看，然后张贴在作文墙上，全班同学选其中的一篇，在《周报》上依葫芦画瓢，照着老师的样子改一遍。这有两个用处，一，所有的同学都知道，得到管老师亲笔细致的修改，说明这两篇作文是最好的，要投到外面的正式报刊社去的，光荣；二，也让小作者知道，尽管你的作文是《周报》上最好的，却还有不少问题可以修改。到位一点，小作者看后，说出两个看懂了为什么改的地方，或说出两个看不懂为什么改的地方。

（6）第一年办《周报》，前六名评上"班级小作家"的，他们的作文不再跟其他同学比，而是六个人之间比。这一周，A、B、C 三位同学有选择权，各选择一位同学 PK；下一周 D、E、F 三位同学有选择权，各选择一位同学 PK。作文优等生跟优等生比拼，他们就不会躺在功劳簿上晒太阳。

第46问： 考场作文跟《班级作文周报》作文相差甚远，怎么办？

　　海南薛老师：上个星期月考，孩子们的考场作文和《周报》上的作文相去甚远，有什么办法吗？

　　答：

　　收到薛老师的提问，我正在广州白云机场，前来接机的老师略带紧张和抱怨，说，又要月考了。上个世纪，中学流行开了"月考"，这个新时代，小学"月考"已经不是什么新鲜话题了。一个月就要拉出来比一比，一个月就想要打一个翻身仗，作为"农业"的教育很难做到，除非采用工业化的方式，即应试教育。薛老师的提问很偶然也很自然，接机老师的抱怨很偶然很自然，改革开放以来，中国的经济发展获得了世界的瞩目，中国的教育却迟迟没有迎来春天，正像总理说的，我们的灵魂跟不上脚步。

　　大家都知道，应试教育是一种短期行为，也是一种短视行为，然而月考已经把"短期"定为一个月了。你要分数那我就应试好了，往死里"应"好了，一辈子就这么"应"过去了。办《班级作文周报》是冲"长期"的。搞经济的都知道，为了长期效益，可以牺牲当前的短期效益。2019 年苹果春季发布会，一场没有硬件的发布会，面对苹果手机市场份额的萎缩，居然没有发布不少人期待的苹果 iPhone SE2。苹果做的是长线，而不是短线。做长线的人要忍得过短线的失败，所以，改革不是所有人都有决心做下去的，也不是所有人都有勇气做下去的。

薛老师这学期开始办《班级作文周报》，才办了一个多月。从她的提问里可以看出，《周报》上，孩子的作文已经颇有起色，走下去，走上一年，学生的作文能力会有长足的进步。一个人的作文能力跟作文考试能力并不能画等号。作家去参加高考，他的作文不一定能得高分，这事真实地发生在苏州。苏州的一家报纸在 6 月 7 日语文高考卷出来后，约请当地的作家写高考作文。写完后密封，给当地有经验的高三语文老师批阅，所得的分数连中等生的那些套路作文都不如。

作文有两种：一种叫"好的作文"，一种叫"好的考试作文"。作家会写"好的作文"，未必会写"好的考试作文"。"好的作文"和"好的考试作文"至少有以下的不同。

（1）好的作文可以是淡淡的、含蓄的，好的考试作文一般是浓烈的、直接的。好的作文是朴素的，越看越有味道，用一个词来说叫"耐看"。但是，阅卷老师看一篇考场上的作文不超过一分钟，不可能有时间去"耐看"。没有一个老师在看了一遍后，觉得没看出什么东西，于是又仔细地品第二遍。好的作文像我们苏州的汤，很清淡。好的考试作文则要求是四川的火锅，吃一口就麻辣到了，忘不了了。因为阅卷老师只吃一口。

（2）好的作文的审美对象是所有读者，好的考试作文的审美对象是老师。老师这个群体是带着教育标签的。你从穿着打扮来看，老师的穿着一般不会太前卫，太大胆，所以好的考试作文不能太前卫，太大胆。老师都喜欢中规中矩的小孩，都喜欢不惹是生非的小孩，也不怎么喜欢整天奇思妙想问倒你的小孩，所以好的考试作文就要"开头两行半，结尾两行半，中间两大段"，要规矩。

（3）好的作文，作者的第一目的是表达的快感，好的考试作文的目的则是为了高分。写作的时候，写着写着哭了，写着写着愤怒得恨不得把纸都戳穿，那样写出来的一定是好的作文，但未必是好的考试作文。从来没有媒体报道说，今年的高考考场上，哪个学生写着写着泣不成声了。考试作文的目的很简单，很直接，冲着评分标准去的，而不是冲着你内心的真情实感去的。

（4）好的作文往往是有意思的，好的考试作文往往是有意义的。有意思的作文往往是个人化的，情绪化的，不去管什么对与错的。有意义的作文则是理智的，公共的，强调是非的，作文往往会点出一个道理，一个看法。有意思的作文即便也有一个道理，也不会点出来，让读的人自己去琢磨。山一样的作文等着阅卷老师，他们哪有功夫给你去琢磨！

（5）好的作文是情感第一，看法第一，好的考试作文则是技术第一。老师阅卷看的是你掌握了多少技术，一看学生会排比，会对称，会反复，会反问，就觉得这个学生有水平。老师往往会从这个所谓的"专业"角度去看。普通读者不是的，普通读者想得到情感的共鸣，观点的启迪和碰撞，他们喜欢的好作文是从这个角度去感受的。

"好的作文"和"好的考试作文"就是有那么大的不同，很多人走在"好的作文"的路上，一遇到考试，马上退回到"好的考试作文"的老路。大多数人都是这样死在作文教学的路上的。在矛盾中坚挺，挺过后闯出一条路来的，叫高人。

一线老师的矛盾和焦虑就在于，鱼和熊掌要兼得。好的作文和好的考试作文，两手都要抓，两手都要硬，既要上得厅堂，又要下得厨房，既要研究有成果，又要考试有优势，既要会谈情说话，又要能居家过日子。那么海南的老师问了：怎么办？

第一，请坚持办好《班级作文周报》。很多老师一辈子下来，没有挖出一口属于自己的井，主要是干着干着半途而废了，有的是干着干着遇到点困难扔掉了。我经常说，干着干着没有困难的事是不值得你干的。没有困难哪有进步？有的是干着干着，看到前面的那个桃子比手里的玉米好，就扔了玉米去摘桃子；拿了桃子干着干着，看到前面的西瓜比手里的桃子好，就扔了桃子去摘西瓜；捧着西瓜干着干着，看到一蹦一跳的小兔子，就扔了西瓜去追小兔子……长大了才知道，小时候的

"小猴子下山"，是我们一辈子都在不停犯的错。

第二，学校考核衡量老师的尺子也许只有一把叫"考试"的尺子，社会和家长的衡量还有其他的尺子。学生不怕作文了，写作文不哭了，家长看到《班级作文周报》上的作文笑了，哪怕考试没有得到好的分数，他们也会理解，说这次只是没有发挥出来。每一期《班级作文周报》上的作文，坚持向正式报刊投稿，一旦正式发表了，那也是很好的肯定。不要只盯着"考试"这一把尺子。不要只盯着月考，眼光放长远一点，盯着期末考试，最好不要盯着一个学期的期末考试，看一个学年后的期末考试。内心足够强大的话，请盯着毕业考试的作文成绩。计较月工资的人，叫工人；计较年收入的人，叫经理；计较一辈子财产的人，叫老板。

第三，一年后，学生作文兴趣巩固了，作文能力明显增强了，可进行必要的考试作文的训练。比如审题的训练，点题的训练，怎样的材料更符合阅卷老师的胃口，怎样的点题更能吸引阅卷老师……这个话题一线语文老师心里多少都有数，拉开来写，不是这篇小文章能承受的。

"好的作文"和"好的考试作文"有矛盾。没有这个矛盾，那么每个人都是高手了。有了这个矛盾，很多人死在矛盾中了。矛盾中不妥协，还能活下来的人有机会了。为什么呢？别人死了你就活了。企业也这样。三星死了的话，苹果华为肯定活更好；苹果死了的话，三星华为肯定活更好。看到别人死了别害怕，别人死了你就活了。

第47问： 学生愿写乐写了，考试作文怎么提分？

浙江计老师：《班级作文周报》获得了家长的认可和支持，不少学生的作文在正式报刊发表。学生作文总体都很不错，我有点担心学生的考试作文，怎么提高学生的考试作文？

答：

一个人只看语文书不看课外书，永远不可能成为有水平的人；反过来，一个人不看语文书只看课外书，倒可能成为很有水平的人。一个人只写教材上的作文从不自由作文，永远不可能真正会写作文；反过来，一个人从不写教材上的作文而经常自由作文，极有可能成为不错的写家。

没有自由就没有艺术。偏偏写作是一门语言的艺术。

"为学生的自主写作提供有利条件和广阔空间，减少对学生写作的束缚，鼓励自由表达……提倡学生自主选题"，课标里有两个"自主"一个"自由"。重要的是自由写作。办《班级作文周报》，我经常说，要放开，不要被教材上的几篇作文捆死。只有放开学生作文的手脚，他们自由地写身边的鸡毛蒜皮，发在《周报》上的作文才会吸引大家，《周报》才能办得红火。老师很实在：管老师，我也知道这么教作文学生肯定感兴趣，可我们要面对考试，考不好什么都是白搭。

我完全理解一线老师的担心，也完全理解计老师提问的心情。这里，我想给计老师们吃一颗定心丸，作文不像其他乱七八糟的题目，变化来变化去，作文基本功练好了，花两个月"点化"一下，得分绝对不会差。内功练好了，招数练起来很快。就怕平常没有流血流汗练好铜拳铁臂飞毛腿，师父教的招数也只能看着干着急。以下四招供计老师们参考。

第一招：文采——一篇作文里用上六七个文绉绉的词。

• "吴逸妍，我们一起去问成绩吧。"数学考试后，我甚是不安，只等成绩出来。

• 熬了那么长时间，老师应该批好试卷了，真是急煞我也。我们走到俞老师的办公桌旁："老师，我考了几分呀？"

• "嗯，还有呀，你好像错了画图题。"俞老师想了想，告诉我这个不幸的消息。"嘶——"，闻言，我倒吸了一口凉气。

以上句中的"甚是不安""急煞我也""闻言"，意思分别是"非常不安心""急死我了""听到这个话"，二者给阅卷老师留下的语言功底的印象，却有着天壤之别。语文老师喜欢看文绉绉的词，以为有了文绉绉的词就是看了很多的书，就是个文雅的人。一篇作文中有六七个、七八个这样的词，阅卷老师往往会给作文上浮半个档次。

这样的词可以突击一两个月积累和使用。常用的"大家"，可以改用"众人"；"惊吓到了大家"，可以改用"惊倒众人"；"为什么"，可以改用"何故"；"我们"，可以改用"我等"；"这个人"，可以改用"此人"；"刚才"，可以改用"方才"；"不是"，可以改用"否"也可以用"非也"……老师总结出学生作文中经常会用到的五六十个文绉绉的词，供学生转换。现在的孩子或多或少都看过宫廷剧，脑袋瓜里或多或少都装了点文绉绉的词。平常看课外书，读到文绉绉的词，也就是口头说话不太用的词，马上摘抄下来，每天至少摘抄一个。一个星期后，小组内分享，两个星期后，全班分享，形成一个使用文绉绉的词的小高潮。

熟练了，写的时候直接用文绉绉的词；不熟练的，写好作文后，可以改出五六个、七八个文绉绉的词。改完，读一读，读起来不别扭，这一招算练成了。保你加分！

第二招：意义——点题要"新瓶装老酒"。

批阅作文太辛苦太头疼了。看了三五十篇作文，脑力就不够了，只好看开头、扫中间、瞧结尾。结尾一定要点题，意义不要含在作文里，阅卷老师很少会去回味学生的作文。然而，并不是所有的点题都能提分。画蛇添足的结尾，千篇一律的结尾，不但不能提分，反而平添阅卷老师的反感。我的经验，点题要点出的那个道理，一定要"新瓶装老酒"。

"坚持就是胜利""失败是成功之母""我们要学习助人为乐的精神""母爱是世界上最伟大的"。小孩知道的那个道理，阅卷的老师都知道，小学生点出的那个"道理"很难让阅卷老师眼前一亮，从而给作文上浮一个档次的。

五年级的《厄运打不垮的信念》（苏教版），课文的结尾也点题了，点的那个道理是"一个人只要坚持，不放弃，一定能取得成功"。如果课文这么写，一定有人吐槽怎么这么没水平。没人吐槽《厄运打不垮的信念》，因为作者用"新瓶"装了老话，用读起来有点陌生的语言，写了这个谁都知道的道理——在漫长的人生旅途中，难免有些崎岖和坎坷，但只要有厄运打不垮的信念，希望之光就会驱散绝望之云。

六年级的《青海高原一株柳》（苏教版），课文的结尾也点题了，"只要有顽强不屈的精神，就一定能创造出奇迹"，要这么写，陈忠实就不叫陈忠实。陈忠实写——命运给予它的几乎是九十九条死亡之路，它却在一线希望之中成就了一片绿荫。意思还是那个意思，作家用了完全不一样的话写了出来，读的人眼前就亮了。高年级学生的作文结尾要点题，比较现实有效的法子，陈忠实那样"新瓶装老酒"。给学生一个常见的观点，请学生用不一样的话表达出来。如——

"说谎是不好的"，学生改为"谎言是架在自己脖子上的一把枷锁"。

"读书可以让人聪明"，学生改为"粮食酿成酒，智慧酿成书"。

"合作才能做好事情"，学生改为"一个团队如果四分五裂，是站不起来的"。

"读书会改变人"，学生改为"人与人的差距，只是几本书的差距"。

多次训练后，学生心里有数了。考试作文，一口气写出一个全新话语的点题结尾，那当然好。一时想不起来，就写下老套的那个意思，再用一个"新瓶"来装这个意思。"新瓶"的样式有很多，中后等学生不要教太多的"新瓶"，多了掌握不了不说，还会混淆。

（1）反问式。如"吃，人人都很主动；学，怎么就不能主动呢"。

（2）否定式。如"管不住自己的人，不可能管得住别人"。

（3）对称式。如"一口吃不成胖子，一夜读不成学霸"。

（4）数字式。如"有些事情，试了起码有 50% 的希望，不试，就只有 0% 的希望"。

有两个辅助措施：一，读。读《伊索寓言》。这本书都是故事＋道理的，那个道理很新鲜，很不一样。二，练，每周写"我的名言"。每周写两句学生自己想出来的"名言"，今天批第一组的"名言"，明天批第二组的，后天批第三组的，发现好的，打上五角星，作者就写到黑板报"我的名言"专区。

第三招：生动——故事一波三折作文就生动起来。

什么叫"生动"？有的老师说用了比喻、拟人就是生动。"妹妹的脸红扑扑的，像一个红苹果"，这话用了比喻，生动不生动？不生动。很多年前就有很多学生用这个比喻了，今天还用太陈旧太老套了。用我的话来解释，变化就是生动。一个人的表情有变化就是生动，没变化就是不生动；一个人的语音语调有变化就是生动，没变化就是不生动。变化有大变化，也有小变化；生动有大生动，也有小生动。小生动有很多，字的变化，词的变化，句的变化，段的变化，不计其数。对付考试，要抓大放小，要抓大生动，什么是"大生动"？情节的一波三折。

一部吸引人的电影，故事情节都是一波三折的。每一部吸引人的电视剧，故事情节也是一波三折的。每一个吸引人的故事，它的情节也都是一波三折的。写一件事，千万不要一做就成的。一位同学写《收音机》：（1）想有一台收音机，妈妈答应了；（2）货到了，却是散装的零件，要自己安装；（3）不难，我按着说明书装；（4）电路怎么也焊不上；（5）爸爸来帮忙了，安装成功。另一位同学写《捉蟋蟀》，可不是一下子就捉到的：（1）听到了蟋蟀的叫声，我暗中欣喜；（2）刚到眼前，叫声中断了；（3）突然蟋蟀又叫了；（4）等我张开手一看，什么也没有，只有几根杂草；（5）原来它逃到了我的脖子上；（6）怎么也抓不着；（7）我想出了一个好办法；（8）终于抓住了蟋蟀。

有的同学说，我的事情没有波折。以"第一次炒菜"为例，那同学说很顺利啊：（1）切好了菜；（2）油热了，放入锅里；（3）炒了一会，放佐料，熟了；（4）大家一尝，很好吃。——事情表面看来很顺利，内心却并非如此。切菜的确没有发生"流血事件"，然而看着明闪闪的刀锋，心里有没有一些紧张？菜放入锅里，的确没有溅到手上，放下去的一刹那，心里有没有掠过一丝担忧？大家尝的一刹那，自己心里有没有一丝忐忑？很多事情表面看起来风平浪静，人的心里却起伏了一次又一次。凡人的心总起起落落的，一天要起落个几十次、上百次。内心敏感的人作文好，他能轻而易举地捕捉心里一个又一个的波折。要训练学生捕捉内心的能力，连续练上两三月，这一招练好了，肯定能抓住阅卷老师的心。

第四招：具体——一篇作文有两个特写就好了。

作文前先画一张"一波三折"的图，这张"起伏图"就是作文的思路。有了思路，还要有重要的和次要的。重点要多写，次要的要略写，有详有略是一个重要的得分点。"起伏图"上找一个"起"点，再找一个"伏"点；或者找一个"起"点，两个"伏"点；再或者找两个"起"点，一个"伏"点。这两三个"起伏"点的寻找，动脑子考虑一下，那是最好；不动脑子也不太要紧，反正在"起伏图"里，不管哪一个都不离题。要考虑的话，从这两个地方出发：（1）从中心出发，哪个"起伏"点能突出中心就哪个。（2）哪个"起伏"点好写，就选哪个。擅长写动作的，就选动作的点；擅长写对话的，就写对话的点；擅长写表情的，就写表情的点；擅长写环境的，就写环境的点；擅长写内心的，就写内心的点。

从得分点来看，选"动作的点""表情的点""内心的点"更容易打动阅卷老师。因为学生作文普遍的问题出在这三个"点"上。

一个动作 150 字左右，评分老师忍不住画上红色的波浪线；一个表情 100 字以上，评分老师一定会画上红色的波浪线；一个想法 150 字左右，评分老师不画上红色的波浪线，他会对不起自己是个语文老师。有了两三个特写，字数不成问题了，故事有曲折感了，得分绝对差不了。

以上四招，最好分解在两年时间里。五年级上学期，主练"文采"，下学期主练"意义"；六年级上学期，主练"生动"，下学期主练"特写"。不要贪多，不要求快。五年级能练熟两招，考试轻松对付。六年级再练熟两招，考试作文绝对很棒。最怕平时作文没有一天天地练，基本功没有一天天地练，要用了，怎么也使不上劲，就像杨丽萍编了一个超一流的舞蹈，你基本功没练好，动作怎么也做不到位！

第48问： 欣赏环节，学生说不出好在哪里怎么办？

江苏徐老师：作后指导课的第一个环节是"欣赏"，学生找《周报》上的佳句很起劲，说理由却不愿意。即便说了，也只有"用了比喻""用了拟人"，很单一，怎么办？

答：

上周五出版《班级作文周报》，下周以《周报》为"教材"，上作后讲评课。讲评课有一个重要环节——夸学生的作文。课上夸整篇作文的不多，整篇作文读一遍也要四五分钟，加上老师的"夸"，得七八分钟。作后讲评课，我很少夸一整篇的作文，多夸学生的句子、片段，让更多的学生能得到鼓励。"夸"有三个功能：一，激励学生，感受写作带来的光荣和自豪；二，激发学生，夸得其他学生心里痒痒的，恨不得马上也写出一个精彩的句子，让大家也来夸一夸；三，方向引领，这样的句子就是好句子，这样的片段就是好片段，这样的构思就是好构思，这样的选材就是好选材。

讲评课上，很多老师出示了学生的好句子、好片段后，都会让学生说说这段话好在哪里。很多学生愣在那里，不知道说什么，课上冷冷清清，好不尴尬。这几乎成了上不好讲评课的魔咒。你想啊，夸学生都冷冷清清，后面的"挑刺""训练"，大概可以确定"凄凄惨惨戚戚"了。

　　且不说怎么解决"冷冷清清"。先分析一下为什么会出现这情况。原因不能从学生身上去找。家庭教育上有一句话，"孩子的问题都是父母的问题"，同样的，学习上"学生的问题都是老师的问题"。我问上课老师，假如你是学生，老师出示了这句话，请你说说好在哪里，你怎么说？通常会有四种情况：

　　（1）上课老师也说不清好在哪里。老师脑子里也只有一个"大概的好"，至于这个"好"，怎么用语言清楚地说出来，自己也没有想好。上课老师以为学生总能说出点"好"来，老师只要顺势点头附和、稍加延伸就行了。以己昏昏想使人昭昭，那不可能。

　　（2）上课老师能说出好在哪里，说来说去无非"生动啦""形象啦""排比啦""有画面感啦"。老师只能舀出这么一小勺水，学生自然不可能倒出一桶来，学生也只能说"用了比喻""用了拟人""用了夸张"，说来说去就那么几句，自然没有说的欲望了。

　　（3）上课老师能说出不一样的"好"，可说出来的话太高大上了，太学术化了，什么"这段话精准地刻画出了当时主人公的心情"，什么"这句话采用了比喻加排比的方式，气势磅礴地写出了作者的所见所闻所想"，学生听了也不明白，老师说了也等于白说。

　　（4）老师能用学生一听就懂的话，简明扼要地点出句子好在哪里。

　　前三种情况，我建议老师课上不要"说"。老师不要说，学生也不要说，学生也说不上来。有学生能说出精妙的话来，那学生就是语文老师的老师了（有一种情况例外，阅读课上的品析词语、句子的功夫做到位了，讲评课上学生确实能说出精彩的点评来）。老师和学生都不说，课上不更"冷冷清清"吗？不，时间花在朗读和背诵小作者的好句子、好片段上，老师读，老师背，学生读，学生背。老师把小作者的精彩句段背出来了，小作者自然光彩、兴奋；老师都背出来了，要其他同学也背不过分吧？这样的读和背，老师做得到学生做得到，不存在难不难、行不行的问题。以"读"代夸、以"背"代夸，课上绝不会"凄凄惨惨戚戚"。

　　第四种情况，老师可以讲，但不要问学生。经常看到老师问了一个又一个学生，学生总说不到老师要的那个"点"，老师那个急啊，急死人也没用，最后还是老师自己说了出来。我的课上，学生主要干"读背"的活儿，好在哪里我讲，既节省时间，小作者又很开心——有老师的权威肯定嘛。其他同学也不闲着，又读又背，积累伙伴的优秀语言。知道这句话好在哪里，这只是一个作文知识。对于孩子来讲，记住这句话本身，比记住这个作文知识更重要。

老师讲评了一段时间，学生耳闻目染了一阵，再请学生来点评，但大部分学生依然只是鹦鹉学舌，依葫芦画瓢。所以，学生找《周报》上的佳句很起劲，那就对了，那就好了，不要用"好在哪里"为难学生。写作文不是考作文知识，也不是有了作文知识就能写好作文的，很多评论家评论别人的小说头头是道，要他也写一个小说，那会要了他的命。只要学生愿意读《班级作文周报》，愿意一边读一边画出有意思的句子，到了课上，还愿意高高举手，读出自己画出来的好句子，说我喜欢谁的句子，那就可以了。老师顺势推舟，选出一两句、两三句大家一起背一背，这就是书声琅琅的讲评课，有收获有效果的讲评课。"知其然更要知其所以然"，对讲评课不适合。

还是一个定位问题：讲出这句话好在哪里，那是语文老师的事，不是学生的事；学生能凭借自己的语言感觉，找出自己喜欢的、认为好的句子，那就可以了。不要把老师的定位变成给学生的定位。千万千万！

第 49 问： 作后指导课，三个环节要有关联吗？

甘肃魏老师：作后指导课有"欣赏""挑刺"与"训练"三个环节，它们之间有关联是不是更好？有必要这样备课吗？

答：

能这样做，肯定更好。

举例来说，"欣赏"环节，夸学生写心里想法的句子；"挑刺"环节，挑学生作文里的"'我想'病"——一写心里的想法马上用"我想""我心想""我一边走一边想"这样的语言病，我们叫它"'我想'病"；"训练"环节，从学生的作文里挑一段没写心里想法的话，或者心里想法一带而过、只有"我好高兴""我好害怕""我好紧张"的话，训练学生写具体心里的想法。以上三个环节都跟"心里想法"有关，主题鲜明，重点突出，听课的人肯定会说设计用心，环环相扣。

但是，我不主张一线老师这么去备课，这么去上作后指导课。

上面所举的"心里想法"的例子，来自我的一个公开课。公开课要讲究艺术，就像去酒店吃饭，同样的红烧肉，它要讲究色香味，还要讲究所用的碗或盆子。家里吃饭，不讲究盘子，也不讲究什么色泽，好吃就行，吃得开心就好。就像我到现在还认为，外公的红烧肉是没有一家饭店可以比的。一大家子围坐在外公家的大圆桌上，吃一大盆外公烧的红烧猪头肉是我永远无法忘怀的。

家常课只要做好家常菜、吃好家常饭就行。家常菜不要考虑太多。总是以饭店请客人的标准来衡量老公或老婆的家常菜，另一半肯定会气得锅啊铲啊丢一边：你来做！

家常菜，味道不错就可以了。

家常课，学生有收获就可以了。

上面的三个关于"心里想法"的内容分在三节课里讲，也不是什么坏事，学生要慢慢消化呀。教的知识不只要记住，还要消化；不只要消化，还要转化为能力，这逃不了要有个过程。并不是一堂课三个内容都讲了、教了，成效就好。东西是好，吃的时候只顾高兴地吃，等站起来才发现，吃得太饱了，胃难受。从公开课的角度、设计艺术的角度，魏老师问的那样是更好。就像饭店的菜，从艺术的角度、色香味的角度来看，肯定比家常菜好。而从营养和养胃的角度，我总以为家常菜、家常饭更好。

魏老师问，三个环节是否要有"关联"，这是从设计艺术来说的。参加作文课比赛，进行公开课研讨，应该这么设计。日常教学我不反对也不提倡。像魏老师那样自动自发，我当然不反对。我又不提倡，这样上的效果也许好了 5%，却会吓住 95% 的一线老师，以为作后讲评、作后指导，没有管建刚说的简单，各个环节要有联系，我可没有这个本事。对忙忙碌碌中的一线语文老师，这个要求太高了；要求高了，觉得做不到而不去做了，那还不如放低要求，大家都去做了，做着做着，能力上去了，到那个水平了，有了像魏老师那样的想法了，那最好；没有魏老师那样的想法，已经做起来了，也不错。三个环节有关联是追求完美。人生能有几个事情是完美的呢？

"欣赏""挑刺""训练"，三个环节好比三道菜。第一道菜和第二道菜是不是一定要有内在联系呢？有，说得出个所以然，有意思也有文化。家常过日子，没有也不缺什么，上什么菜吃什么也挺自在。第一道菜是红烧肉，那就吃红烧肉，第二道菜是鸡汤，那就喝鸡汤，第三道菜是虾，那就吃虾，好像也没什么不可以。关键是吃好，吃得舒服。作后指导课的三个环节，有没有内在联系不是根本。这三个部分的内容学生吃好了，有收获了。没有关系的几道菜，吃到肚子里不都有关系了么；没有内在关系的作文知识点也好、作文训练点也好，到了脑子里，慢慢就有关系了。

　　说实话，每一节作后指导课，不，哪怕大多数的作后指导课，都像"心里想法"那样，三个环节都有关联，我也做不到。大多情况下，两个环节有联系就很不错了。如挑"'关联词'病"，前面欣赏没有乱用关联词的毛病的句子；如挑"'今天'病"，前面欣赏没有乱用"今天"的句子；如欣赏说话句提示语在中间，那就训练三种说话句的形式。家常课，能这样就打 100 分。

第50问： 作后指导效果不明显，怎么办？

江苏吴老师：阅读底子薄弱的高年级班级，作后指导的效果变得不明显，怎么缓解这个问题？

答：

我问吴老师，是不是以前带的班级阅读底子比较好，作后指导成效比较明显；这次带的班级阅读底子比较弱，作后指导的效果不明显。吴老师答"是的"。

阅读量大的班级，学生的领悟力强，老师讲评的内容往往一点就通，一个班上有10来个同学"一点就通"，课堂气氛好得不得了；一次训练下来，10来个同学的片段都很不错，批阅中隔三岔五能读到个不错的片段，老师很有成就感。阅读量小的班级，学生的领悟力差，更要命的，这样的班级双休日读《班级作文周报》都是个问题。一些学生《班级作文周报》都没有读；一些学生稀里糊涂地看了喜欢的两三篇，读了也没啥印象；一些学生"不理解"地读，读了等于没读。讲评的时候，这些同学往往一片迷惘。老师说要看第三版的哪一篇作文，他们连那篇作文在哪里都不知道，等找到了，老师已经讲得差不多了。从这意义上讲，吴老师说，阅读底子很薄的班级，作后指导效果不明显，这是对的。不过我想说，阅读底子很薄的班级，"作后指导"改成"作前指导"，效果大概也不会好到哪里去。

甲同学考试只有 60 分，努力一把，下次可能考个 70 分；乙同学考了 90 分，努力一把，下次也难考 95 分。后进生的上升空间比优等生大。作文底子薄的班级的进步，应该比作文底子好的班级更快、更大。

吴老师接了一个阅读底子比较差的班级，所用的讲评内容依然是以前阅读量大的班级的内容，所提的标准和要求也依然是以前阅读量大的班级的标准和要求，由此导致一个问题：阅读量少的班级的学生，跳起来也摘不到果子，三五次后，他们索性不跳了，也不巴望有果子吃了。

基于此，我给吴老师如下建议——

（1）要在班级里开展阅读活动，让学生的阅读量涨上去。怎么办？网上有很多的资料，有不少成功的经验，这里不再展开，我只提醒两点：一，教师的示范阅读很重要。同学们看书，老师却看手机，那不行。学生的阅读不是靠一只老虎老师站在那里，也不是靠扯着嗓子喊"快去读书"。老师的示范阅读就是陪伴阅读，这就是"身教"。"身教"重于"言教"是颠扑不破的真理。二，一定要给学生看书的时间。爱读书的孩子自己会找时间读书。中后等学生不会自己主动找时间读书，他们要在一个读书的氛围里读书。作为全班性的阅读，每天的哪个时段是雷打不动给学生阅读的，这比所有的设计、解读都重要。阅读底子薄弱的班级，更要这么做。

（2）要读好《班级作文周报》。作后指导课有一个"文本"，即每周一期的《周报》。作后指导课上，老师经常会用到《周报》上的作文、片段。课前学生没有读熟《周报》上的作文，听讲的时候，全部的心思和精力都在读作文的"写什么"上，哪能领悟作文的"怎么写"？阅读能力弱的班级，不喜欢阅读的班级，读好《周报》一定要解决。怎么解决？两个地方可以着力：一，学生的作文要多写班级里的故事，多说真话。什么丑话作文、囧话作文、情话作文、笑话作文、狠话作文、气话作文、丧气话作文、胡话作文、牛话作文，都可以，它们最能吸引学生阅读的目光。二，不要要求学生读好《周报》上的每一篇作文。每一期只要学生读好《周报》上的两三篇作文，两篇老师指定，一篇学生自由选择。老师指定的那两篇，是作后指导课上使用频率最高、最重要的。这对老师提出了一个要求，《周报》发给学生前，心中要盘算好下一次的讲评内容。

（3）作后指导课，我称之为"班本化教学"，它完全从班级的实际情况出发，完全从学生作文实情出发。同样的作文主题，同样的作文题目，同样的作文活动，这次接的五年级班跟上届的五年级班，写出来的作文差距会很大，上一届作后讲评的内容就不能跟这一届的对接，要根据这个班的情况来备课。效果明显不明显，就在于所教、所练的内容，学生能不能接受、能不能掌握。要求放低了、内容减少了，学生能接受了，也就有了看得见的效果。我常说，作文指导要"小步子"。这个"小步子"对好的班级显得太小了；对于差的班级来说，则不"小"了。阅读量小的、底子薄的、作文基础弱的，步子要迈得小一些，小步子才能稳健，不摔跟头。切记切记！

第51问： 作后指导课只备 《班级作文周报》，可以吗？

福建徐老师："每日素材"和"每周作文"写在同一本子上，便于学生每月写完一本，有成就感。写同一本子上，老师不能带作文回家研读，只研读《班级作文周报》上的作文会有偏颇吗？

答：

"每日素材"本上的作文，哪怕留在老师身边，也有不方便：（1）厚厚一叠本子，不方便携带。（2）拿个袋子携带，每次看作文，花在打开本子的时间，也不少。

徐老师想了个办法，学生向《班级作文周报》投稿的作文，双休日输入电脑，发给小组长，小组长收齐后发课代表，课代表打印在 A4 纸上，周一带给老师。徐老师说，输入文字不是问题，每周每人的投稿作文打印出来，我都保存好，一年后发回学生，装订成册。

任何备课都要研读"教材"，作后指导课的"教材"是学生写出来的一篇篇作文。我们不研读全班学生的作文，只研读《班级作文周报》上的十七八篇，能大大减少老师们的备课任务。教学热情是最难得的教学财富。我不忍直面否定，我回复徐老师，不管可不可行，都要为你的用心点赞。请注意我的三点顾虑：

（1）输入了的作文只有三分之一能在《周报》上发表，久了，输入作文是否会不情愿？

（2）小组长要催收组员的电子稿，要时不时地上网看 QQ。忙碌一两回不要紧，久了，小组长没意见，家长有没有意见？家校矛盾的最主要爆发点在家长。学生有意见、家长没意见，学生喊得再凶也没用。

（3）课代表收到所有的作文，要想办法打印出来，时间久了，能不能确保完成？

教学改革，一开始的设想往往很完美，所有的问题都在设想中解决了。现实很残酷。设想越完美，干起来越犯愁。改革的第一步在于迈出去，不要管迈出左脚还是右脚，也不要管步子难看还是好看。改革没有完美，利大于弊就行。好的方面 5 分，坏的方面 3 分，赚了 2 分即可。教学改革不在于最初的步子的完美，而在于后面的路能不能走下去，走得远才是王道。

我跟徐老师说，完整的作后指导课主要有三个环节，欣赏、挑刺、训练；家常的作后指导课，往往只要两个环节，欣赏、训练，或者欣赏、挑刺。前 25 分钟欣赏，后 15 分钟挑刺或训练。25 分钟夸十七八个作者，一起读、一起背、一起抄十七八个作者的句子，一起采访小作者怎么写出这么棒的句子，夸得小作者们心花怒放。平均到每个人，也只有 1.5 分钟。以我的经验，哪怕《周报》上的十七八篇作文，25 分钟的欣赏时间总嫌不够。

上公开课，研读全班的每一篇作文，可以。作为家常课、常态课的作后指导课，要研读每一个学生的每一篇作文，100％不可能。徐老师要研读每一篇，那是最完美的，但完美情结往往把自己逼入寸步难行的死胡同。

学生手写的"每日素材"本，每学期一次"我的'书'装帧设计大赛"，这些手写的"书"保存下来，会更有意思，也更有价值。我叮嘱徐老师，办《班级作文周报》，老师要选最好的作文，要选后进生的作文，要选有进步的作文，还要选有"教学价值"的作文——这篇作文中的优点或缺点，可以用来当"教材"。老师的选稿和编辑的选稿是不完全一样的。

改革不怕慢，就怕停。改革也不怕走弯路，就怕不肯走。也提醒办《班级作文周报》的老师们，《周报》尽量要走向简单（简单不是粗制滥造），而不是复杂；教学上有加法就要想到给减法（当然不是偷懒），千万不要一味做加法，先压死的往往不是学生，而是我们自己。

第52问： 作后指导课，要用作家们的例子吗？

上海王老师：作后指导课欣赏同伴的作文，训练也用同伴的例子，是否有局限性，是否要增加作家的例子，不让学生做井底之蛙？

答：

作后指导课，哪怕从来不用作家的例子，也不能说学生就是井底之蛙，这不表示学生不去读课外书了。作文教学毕竟只是作文教学，它可以撬动整个语文教学，但它不等于语文教学。作后指导课多用学生的例子，花更多的时间夸学生，让学生有作文的动力，这个根本目的不能丢。千万不要忽视"夸"的力量，千万不要忽视"同伴"的力量。来自同伴的作文，来自老师的夸奖，会刺激班上学生的写作热情。写作热情、写作意志比写作技巧重要十倍百倍。有了写作技巧的人未必能写好作文，以后未必愿意拿起笔来写；有了写作动力、写作意志的人，将来一定能写好作文，并且爱上文字。

作后指导课上，可不可以增加作家的好的表达？

当然可以。有两个地方可以增加。一个是"欣赏"环节，一个是"训练"环节。增加的作家片段，一个来自课文，一个来自课外书。

（1）关于"欣赏"环节。欣赏学生作文里的四字词语连用，可以出示课文里的四字词语连用，像苏教版四年级的《天安门广场》里的"每当节日到来，天安门广场更是花团锦簇，姹紫嫣红""入夜，华灯齐放，礼花飞舞""来自祖国各地的人们翩翩起舞，纵情歌唱"；欣赏学生作文里的方言，我们苏州的老师可以找范小青的作品，她的小说里的"好婆""姆妈""女小人""乖囡囡""敲耳光""门槛精得六六四"。这可以在"欣赏"环节使用。学生作文用了"对称"的话，课文里、作家的作品里，肯定有；学生作文里用了富有时代气息的语言，课文里没有，流行作家的作品里却常有；学生作文里写了很新鲜的句子，作家的作品里那些让你猜不到的语言更多。唯一要注意的是，不要让课文的、作家的风头盖过了学生作文的风头。我常这样说，我们班的某某真是厉害，小小年纪已经会用课文里的写法了，已经能像作家那样写了。欣赏了作家们的片段后，要回到鼓励和肯定学生这个最重要的事情上去。人的内在动力是最宝贵、最重要的，"人"是最重要的，不是技术。老师眼睛里最重要的是学生，不是技术，也不是作家。

（2）关于"训练"环节。作后指导课上的"训练"，大多从学生的好的片段中引出。写一只动物，学生不经意写了小动物的"坏"，写家里的小狗咬坏妈妈的包包，写家里的小狗干了错事居然不知悔改。我表扬学生别出心裁，然后说，课文也有这样写的、大作家也有这样写的。出示老舍的《猫》："可是，决定要出去玩玩，就会出走一天一夜，任凭谁怎么呼唤，它也不肯回来。说它贪玩吧，的确是啊，要不怎么会一天一夜不回家呢""后来，胆子越来越大，就到院子去玩了，从这个花盆跳到那个花盆，还抱着花枝打秋千。院中的花草可遭了殃，被它折腾的枝折花落"。有同学不经意用"反话"来写，那出示丰子恺的《鹅》："鹅的步态，更是傲慢了""没有吃完，鹅老爷偶然早归，伸颈去咬狗，并且厉声叫骂……鹅便昂首大叫，似乎责备人们供养不周""因此鹅的吃饭，非有一人侍候不可。真是架子十足的"。——出示了课文、作家的文字，同样要回到学生，夸他们厉害，跟课文一样厉害，跟作家一样厉害，作家小时候还不一定会这么写呢。尽管学生稚嫩、笨拙，作家纯熟、老到，然而那个"技术"是一回事，用得多了就老到了、纯熟了。给新手老到、纯熟的例子，也写不出来老到、纯熟的作品。就像学开车，老师傅教就可以了，不用赛车手来教。伙伴稚嫩的、欠火候的例子，还能激起同伴超越的勇气、激情。先出示同学的又引申出作家的，那是最好的，学生既有超越伙伴的动力，又知道同样这个技术，作家可以用到这么惊人的地步。

从学生的例子出发，又引出作家的例子，最后又回到学生的例子，这是一个理想的状态。一线老师上作后指导课，要认真研读学生的作文，之后又能娴熟地联系到某个作家的某个片段，这个要求不是有点高，而是很高。有的时候，为了寻找一个相似的作家的片段，可能会耗费老师几天的时间和精力。一线的语文老师太忙了，一线有责任的语文老师简直忙死了。作后指导课能不断地夸学生作文里的好，那就是 90 分；夸本班学生的作文，能联系以前学过的课文，那就是 100 分了。能联系作家的片段，那是 120 分了，这不是普通要求，那是神一样的存在。

第53问： 专门指导了"de"病，学生还是错怎么办？

甘肃钮老师：如何区分"的、地、得"，专门上了一节课，学生还是经常用错，怎么办？

答：

一青年老师任教的班级平均分，跟平行班相差10多分。校长朋友找那青年教师谈话，青年教师理直气壮地说：试卷上的题目我都讲过的呀，他们笨，能怨我吗？

"教了"不等于"会了"。老师教了，学生仍然不会，最正常不过的了。一个老师不能停留于"教了"，而要负责到学生"会了"。"教了"是及格，"教会了"才是优秀。老师专门讲了怎么区分"的、地、得"的运用，这是知识，而不是能力。能力对于90%以上的人来说，都要经过一次次的反复练习。知识死记硬背就可以了，能力却非要灵活运用。有的人用上两三次，灵活了，熟练了，有的人要用上很多个"两三次"，才灵活，才熟练。

"的、地、得"看起来简单，真要区分和使用不简单。不少成年人的文章也时有用错，小学生用错很正常。因为不简单，所以不能专门讲一节课。一节课讲"的、地、得"，小学生啃不下来。一个小学毕业生如能十之八九地正确区分和使用"的、地、得"，那真可以说"毕业"了。钮老师专门上了一节课，学生依然用错"的、地、得"，那是正常中正常。

关于"的、地、得"，老师的"教"要有小目标，要反复练，巩固了一个据点，再去攻下一个据点。四年级只要学会用"的"就可以了，该用"的"的地方都没有错，该用"地"和"得"都错了，那也是优秀。有学生居然"地"字用对了，那要大张旗鼓地夸。

五年级在熟练使用"的"的基础上，学习正确使用"地"。五年级该用"的"的地方用对了，该用"地"的地方十之八九也对了，"得"都用错了，那还是优秀。有学生"得"用对了，哪怕瞎猫撞着了死老鼠，也要大张旗鼓地夸。六年级在熟练使用"的""地"的基础上，讲"得"。一年解决一个，一个熟练了再练第二个。第一节广播操还不会做，马上要学第二节，第二节还没学会，第一节又忘得七七八八了，这样的事儿不能干。教育真的像农业，急也没有用，非得慢慢来，你要快，只能揠苗助长，最后那苗都死了。

小步子走，反复走，反复表扬，反复训练。

"的、地、得"三个字不容易区分，老用错，其实何止这三个。很多的错别字，学生总混淆，总用错，老师见了恨不得用笔戳死，像"再""在"，"已经""以后""以为"，"尊""遵"，"帐篷""蓬松"等等，学生订正了一遍又一遍，一到作文又错了，老师不要生气，想想我们自己，小学里能分清楚它们吗？

怎么办呢？还是小步子走，反复走，反复表扬，反复训练。

这个学期主要解决"义""议""意"，"即""既"，"攻""功""工""公"，"历""励""厉"这几组容易混淆的字，下个学期主要解决"暑""署""薯"，"计""记""纪"，"说到""说道"，"座""坐"。一个学期确定几组，集中火力消灭它们，再去歼灭下一股敌人。不要看到这里有个"敌人"，马上去打这个，看到那边有个"敌人"，又去打那个。结果每一个"敌人"都没有真打死，只是昏死过去，你一走开，它们又活过来跟你斗。

这个学期确定了要解决的几组易错字，反复训练：（1）拿出来组词，一个字要组五个十个的词，要把常用到的词都"组"了。（2）要造句。易错字、易混淆的字要一组一组地造。（3）确定下的那几组易错字，每次作文写好了，都要看有没有这几个字，有，要重点排查，不能确定的，要马上问老师。

驯兽师教小狗狗钻圈、算术，小狗狗什么都没有学会。老板不高兴了，要解雇他，驯兽师理直气壮地说：我都教过了呀，这小狗笨啊。

我想，所有的人都会笑着说，这个驯兽师太搞笑了。

第54问： 作后指导课，要有一个训练的顺序吗？

江西俞老师：作后指导课，依照学生的习作发现啥问题就解决啥问题，还是按照自己规划的序列来讲呢？

答：

教作文，老师肚子里要有完整的规划，它涉及三个方面：一，作文动力的规划，一套激励学生写作文的法子；二，作文内容的规划，倒不是要备好一个个作文题，而是一个"活"的规划，随着活的生活而调整；三，作文技巧的规划。俞老师所问的，应该专指"三"。

作文技巧的规划，要做好两点：

（1）三年级到六年级要教给学生哪些作文技巧。以写好"说话句"为例，我们切分出了16个知识点和训练点：①"哑巴"病；②"说"病；③提示语在前、在后、在中间；④写具体提示语；⑤多余的"说"字；⑥提示语在中间怎么写；⑦提示语在前、在后的区别；⑧什么时候省略提示语；⑨提示语前、中、后及省略的混合性使用；⑩缺少提示语；⑪多余的说话句；⑫说的话不符合人物特点；⑬乱用说话句；⑭简洁的提示语的妙用；⑮什么时候用"转述"；⑯提示语里的表情、动作、内心想法。语文老师要有这么一个完整的总规划。当然还有"动作描写""心理描写""作文结构"等等的一个个类似"说话句"的知识点、训练点的细分，只有细分了的作文技巧，才真叫规划。笼统地说要写好"对话""场面""外貌"，那不算。为什么说三到六年级而不说一到六年级？低年级主要评价学生的写话兴趣，而不是技巧。

（2）每一个年级、每一个学期要教给学生哪些作文技巧。三年级要教给学生的技巧，跟五年级要教给学生的技巧不一样，这跟学生的作文基础有关，也跟不同年龄的学生的接受能力有关。甲六岁，乙十六岁，甲和乙都没上过学，但教给甲和乙的内容的难和易、进度的快和慢肯定很不一样。以上面的"说话句"来说，第14、15、17个知识点和训练点不适合三年级。总共16个知识点和训练点，老师心里要能粗略地分解到三、四、五、六年级。

不管"作前指导"还是"作后指导"，语文老师的心里都应该有以上两个层面的作文技巧的整体规划。这两个层面的"技巧"是会变的。要看班级的基础。班级基础糟的六年级，可以用"说话句"里的第1、2、3、4知识点。这也是我们为什么强调"作后指导"的原因。作后指导倡导"先写后教，以写定教"，作后指导要教在学生"学"的起点上。作文教学上，学生的"学"的起点在哪里？在一篇篇作文里，研究作文教学，起点在研究学生的一篇篇作文。

现在我可以回答俞老师的问题了。

首先，老师的心里要有一个比较完整的作文技巧。这些"作文技巧"大致能以"学年"来分，三年级哪20个，四年级哪20个，五年级哪30个。

其次，那20个或30个的作文技巧，具体的训练顺序，要根据学生作文的实际情况来定。作后指导课，看起来老师的"教"是跟着学生走的，实际上也不完全是。打个不太恰当的比方，老师心里的那个"规划"就像如来佛，学生作文里左冲右突的、或熟练或生硬的作文技巧像孙悟空。孙悟空再怎么翻筋斗，也翻不出如来佛的手掌心。学生作文的优点也好、问题也好，90%都在老师心里的那个"规划"之内。批阅学生作文，老师很自然地跟自己肚子里的"货"对接起来。

老师心里知道要教什么，又能耐心去教，顾及学生有或没有、要或不要，这是最理想的。老师心里没有"规划的内容"，有一爪没一瓢的，那索性丢掉，完全从学生的作文出发，尽管有不足，反而比较可靠。

第 55 问： 反复训练会很枯燥，怎么办?

浙江汪老师：作文技巧往往连续训练才有效，连续训练又会枯燥，这个矛盾怎么克服？

答：

汪老师的提问，有三个地方我很欣赏。

（1）技术训练必须反复。篮球要反复打，钢琴要反复弹，书法要反复写。不要埋怨学生笨、悟性差，任何技能都在反复中习得的。拿我们老师来说，一篇课文反复讲了那么多遍，也不见得得心应手。一两次训练，不少学生掌握不了，那很正常。

（2）技术不是最重要的。重点是学生喜欢练，愿意练。汪老师如不是看重这一点，也不会有此纠结。教作文不只考虑练技术，还要考虑学生愿不愿意练技术，这是优秀老师的思考方式。

（3）明知有困难还要想办法。一个人的本领是在困境中练就的。只要方向不错，遇到问题不后退，不怕苦，动脑、动手、动脚，才能走出一条路来。

怎么克服这个矛盾呢？

要注意内容的选择与安排。小学里绕不开写人作文。同样写人，可以换汤不换药，药还是那个药，看上去的色泽就像换了药似的。

第一次写人，内容新鲜一点，写新来任课的老师。语文数学英语体育美术音乐计算机等等，每年总有新来这个班任教的。新任教的老师在伙伴们心里是什么样的？发在《班级作文周报》上，大家都比较喜欢看。

第二次写人，内容宽泛一点。每人在班里选一个同学当作文模特，每个人笔下的"作文模特"都不一样，写出来的也就五花八门，发在《班级作文周报》上，也不显得枯燥呆板了。

第三次写人，内容时鲜一点。父亲节写爸爸，母亲节写妈妈，教师节写老师，护士节写护士……配合着实实在在的生活写人，自然不会枯燥。

第四次写人，内容活泼一点。班上征集"班级作文模特"，每人选两个最有特点的"班级作文模特"，唱票投票得出最有特点的一位，当写人作文的"作文模特"。"班级作文模特"大都是班上的调皮鬼、捣蛋王，他们最怕没有存在感，他们的调皮捣蛋是刷存在感的方式。一般来说，他们都乐于接受"作文模特"这个"新职业"。

第五次写人，内容情绪一点，写写班上的冤家。这样写出来的"人"，有特点，有感情。那些鸡毛蒜皮的事情都成为证明"特点"的证据。有这些内容的《班级作文周报》，学生也一定很感兴趣。

写人的内容上有变化了，学生就不会厌。就像连着吃了一个星期的鱼，可能会厌，怎么又吃鱼啊。每次都变了花样地吃，昨天是草鱼，今天是鲫鱼，后天是鳜鱼；昨天是红烧的，今天是清蒸的，后天糖醋的；昨天是淡水鱼，今天是海鱼，后天是虾蟹贝壳。这么吃上十天半月，不会厌。

中间还可以变花样，如：

（1）以上五次写人（当然还可以安排第六次、第七次写人），训练两次后，中间穿插一次写事、写动物，再两次写人。中间隔一周那不叫中断，而是换一下胃口，以确保下次"吃鱼"，还有好的口感。

（2）这一周女生各选定一个男生写，男生不可以写女生，男生自由写。《班级作文周报》的两个版面是男生的自由作文，两个版面是女生写男生的作文。《周报》照样很有看头。下一周，反过来，女生自由写，每个男生选定写一个女生。

训练，要给学生获得感。训练必须反复，这个"反复"却不是机械重复，而是在重复原有的 80％、90％的基础上，向前走了 20％、10％。写人的作文往往要教"外貌描写"，第一次训练"外貌不要什么都写"；第二次训练"外貌要跟事件中的人的特点有关联"；第三次训练"外貌描写的位置"，可以在前面写，也可以在中间写，还可以在后面写；第四次训练，外貌可以分两个或三个地方写。每次都写人的外貌，每次都在巩固，并在巩固的基础上出现 20％的新东西。

有新东西，就有新鲜感，就有新劲头。

第56问："先写后教"会增加学生负担吗？

湖北李老师："先写后教"，学生自由写离题了，后面就要重写，那不是加重了负担吗？

答：

有一个误区，李老师以为"先写后教"，作文前完全不能教了。"先写后教、以写定教"，作后指导课的基本教学理念，但不表示作文前一点也不教，而是作文教学的重心不能放在"作文前"。

作文前，学生写"每日素材"，一星期写了五个素材，每个素材老师会打等第，帮助学生认清哪个是好的，哪个是一般的，哪个是没意思的。一个星期写一篇作文，写的时候从前面的五个素材里选一个，作文内容上当然不用老师指导了。不上"作前指导课"，不等于作文前老师什么事也不干，而是"干"的形式和方式变了。

要多让学生写自由作文，"命题作文是不得已的办法"，这是叶圣陶先生早就提出的。心中有什么就写什么，想写什么就写什么，心中的那一份情绪就是作文的中心，那就不存在离题重写的问题。我们也不得不面对现实，面对命题为主的考试作文，要训练学生的审题能力，离题那可完蛋了。作文前，老师带学生审一下题，五六分钟差不多了。不用面面俱到，抓几个关键词嘛，更不必花一节课去教。

带学生审了几次题，往后大多不用了（除非有着非常隐秘的陷阱类作文题目）。审题不是什么了不起的能力，有的学生作文离题，不一定是他的审题能力有问题，而是他审清楚了题目的意思，却不知道找什么材料来写，实在找不到合适的材料，只好胡乱写。有的学生审题时清清楚楚的，一到正式写作文，写着写着跑题了，那也不是审题能力惹的祸，而是"围绕中心来写"的能力不够。还有的学生，审题清楚的，也知道围绕中心来写了，写着写着字数不够规定的，只好瞎凑。不要把离题重写的棍子都算在离开了"作前指导"的账上。一线来看，绝大多数老师的作文教学，依然以作前指导为主。君不见，全中国依然有那么多学生的作文一次次离题？很多的担心，只是老师的不放心。很多的担心，只是我们一厢情愿的担心。

"带学生审了几次题，往后大多不用了"，审题能力是学生自己单独审题的实践下获得的。平日作文，老师放手后，学生审题出现了问题，还可以挽救，再写一篇而已。平日作文不放手，每次辅导来辅导去，考试了，不得不放手了，那学生还会栽跟头。"跟头"的根子，不是老师"教审题"教少了，而是"放手"太少了，学生"单飞"练习太少了。作文后进生审题能力弱，可以多扶几次，其他同学自己审题，老师单个辅导后进生。其他同学的审题辅导五六次，后进生再辅导五六次。就像小孩子学走路，只有放手，孩子才能学会自己走路。一直担心孩子会摔跤，一直扶着孩子走，等孩子大一点再放手，不管你什么时候放手，只要放手，一定会"栽跟斗"，栽了几个跟斗才学得会。人啊，只有"吃一堑"了，往后才会睁大眼睛。"跟斗"最好提前"栽"，不要在考试中"栽"。

附带，作文能力不怎么好的学生，想要进步不会不重写。一篇作文这么写是好的，那么写是不好的，不经历这过程很难有看得见的进步。于是，培养学生的作文兴趣和作文意志尤为迫切。写作兴趣是写作的第一能力，写作意志是写作的第二能力。写作的第一、第二能力上去了，重写一次两次也不要紧。后进生的回家作业错了一个又一个，到了学校就要订正，这不是增加作业量，而是必须要面对的现实。重写作文也是要面对的现实。重写了，进步了，要大肆表扬，要尽可能地录用和发表，这样，重写的辛苦就能转化为重写的幸福。

第 *57* 问： 作后讲评的共性问题可以拿来"作前指导"吗？

辽宁王老师：拿上几届作后讲评中的共性问题，作为下一届学生作前指导的内容，"作后指导"和"作前指导"实现转换，可以吗？

答：

很高兴收到王老师的提问，这说明：

（1）王老师已经扎扎实实地做了几年的作后讲评（作后指导），积累了大量的第一手的作文和案例。王老师说的"共性问题"指不好的作文，我想王老师的资料库里，一定还有关于"共性问题"的好作文，好作文可能来自那次作文，也可能来自"共性问题"后的训练。

（2）作后讲评的材料，王老师都保存下来了，后面的作文教学中还想起这些材料，用上这些材料。这是在做真研究。真研究的特点，一是真的做过，二是做过的经验和材料保存下来了，三是下一轮还在用积累的有效材料。

（3）上一轮的材料和经验用到下一轮，有的照搬着用，有的思考着用。王老师属于后者，他想到了一个新的动作：上一届、上两届作后讲评发现的共性问题，这一届的学生基本上也有，那可以预防呀。怎么预防？上一届、上两届的作后讲评课的内容，稍作转换，用作这一届学生作文的"作前指导"。

王老师留言：这样可以将"作后讲评"和"作前指导"结合起来，减少作后讲评的工作量，减少语文老师的工作量。

很多老师认同"先写后教"的理念，认为最能教到学生需要的"点"上，然而作后讲评要求老师认真研读学生的作文，要花费很多的时间精力，尽管我给出了"批一半""批一点""批一段"等小窍门，还是令很多老师望而生畏。王老师的想法和做法能比较有效地解决这个问题——你干上几年的作后讲评，后面可以转"作后指导"为"作前指导"，我对此很赞同。

我常说，新上岗的语文老师要认真上三五年作后讲评。我至今还认为，研究儿童写出来的一篇篇作文，比研究教材上的作文题目、作文要求更重要。研究儿童作文教学应该从研究儿童写出来的一篇篇作文开始。作后讲评课最关注学生写出来的作文。研读学生作文三五年，当代小学生作文的优点和问题不说了如指掌，至少也心里点灯，那个时候再进行作前指导，就不会出现大的偏差。王老师已经上了好几年的作后讲评，几年前的作后讲评的材料、内容他还记得在这一届学生身上用，王老师研读学生作文不是蜻蜓点水，而是抓铁有痕。这个时候王老师的作前指导课，很自然地用上了一节又一节的作后讲评课中的内容，这个"用"就是"活用"。我不赞成新上岗的语文老师一头扎进作前指导里，他的作文知识、作文训练不是从学生的一篇篇作文中来，而是从一个又一个教案里来的，那样的"用"很容易"死"掉。

点赞的同时，我也要提醒王老师。

一款新药对付某个老毛病很有效，有效了几年，新药不新了，没那么有效了，有了抗药性嘛。教科书几年做一次小修订，多年做一次大修订，为什么？时代不一样了，读这本书的人和十多年前的人不一样了。这三五年作后讲评发现的"共性问题"，这一届、下一届的学生也有，转为"作前指导"，可以。下下届学生、下下下届学生是否还能用得上，那要打一个问号。我的基本判断，一部分可以用上，一部分用不上。至于哪一部分能用上，哪一部分不能用上，要回到学生的一篇篇作文上去，才能印证。好比一款新药出来，不可能一劳永逸，还要不断开发新药。上一届、上两届积累的作后讲评的经验和资料，过了几年也会过时，例子会过时，问题会变异，那又要回到作后讲评、作后指导去，积累新的经验、新的案例、新的材料。

"作后讲评（作后指导）—作前指导—作后讲评（作后指导）—作前指导—作后讲评（作后指导）"，一个周而复始、循环往复的过程。几个轮回下来，那个教作文的人成了老中医，能举一反三、触类旁通了，小学生作文的那点问题，怎么也跑不出他的手掌心了，老师成了名师，成了高手，那就无所谓作前指导、作后指导了。

第58问： 低年级办《班级作文周报》， 课上教学生哪些技巧？

江苏徐老师：低年级办《班级作文周报》，学生的写话兴趣上来了，写着写着，出现了老师没教、学生却会的写作技巧，我应该顺着学生用出来的技巧来教吗？

答：

徐老师头一回教二年级，头一回在二年级办《班级作文周报》。《周报》的报头、《周报》上的佳作选票、上期好作文是打印的，孩子的作文是手写的。作文录用了，孩子要认真地抄写一遍，发表作文带动写好字，有意思。

才一个多月，徐老师班上已有好几个孩子的作文两三百字了，再手写的话，占用的版面太多了。我建议徐老师可以来个"混搭"，作文满250字的，输入电脑，铅字出版；不满250字的，还手写。孩子肯定巴望着写长。写长不代表作文好，却是一个必经的阶段，作文能"写长"了，小孩子的信心上来了。不怕"写长"，作文的恐惧消失了90％。

才半个学期，徐老师的那帮二年级小屁孩，居然会用倒叙、插叙。老师没有教过，小屁孩们说自己也不知道为什么这么写。那帮小屁孩的写话热情很高，40多个孩子都会让作文里的人开口说话。前引号、后引号也能正确用。自由写话都200字以上，好几个已经能写400字了。第一次教二年级的徐老师苦恼了：教写话技巧吧，怕小屁孩听不懂，伤了他们的兴趣，不教吧，那老师太"不作为"了吧？

我这样回答徐老师：

（1）不教给学生写作技巧，好像老师没有使出真力气来，没有实质性地帮到学生。其实不是。办《班级作文周报》，学生有兴趣写了，学生知道作文可以"发表"出来，小伙伴能看到，爸爸妈妈能看到，学生懂得了作文就是用笔说话，作文就是"与人交流"，这是作文教学最重要的事。徐老师做了最重要的事情。很多人不把这个最重要的事情当成是作文教学中最要做的，连已经做得很不错的徐老师也有疑虑和顾虑。我们天天说"兴趣是最好的老师"，真的给学生"最好的老师"了，又好像没干什么事情。没有传统意义上的那种"教"，老师会无所适从。这不是老师的不对，这只是面对新的理念和方式的不适应。传统意义上的"教"，是"教知识"。徐老师苦恼自己没有教作文知识，总觉得缺了什么。低年级写话的核心是写话兴趣、写话自信。兴趣和自信很难用考试测量出来，于是这两个最关键的东西，沦为可有可无的鸡肋。我跟徐老师说，一个优秀的教师要坚定自己正走在一条正确的路上。

（2）习作兴趣和习作自信的建立需要相当长的阶段。这一个月学生有兴趣了，不表示下一个月还那么有兴趣。不要以为挖出一口井了，水冒出来了，万事大吉了。水冒出来后，要看是不是汩汩地冒出来，不间断地冒出来，那要查看一段时间；水冒出来了，还要对井的四周加固，或砌上砖，或围上水泥圈，不能让井坍塌。不要急着教作文知识。一教作文知识，一进行作文训练，难免会遭遇枯燥和乏味，那不牢固的兴趣会垮掉。兴趣牢固了再教知识，不迟。写的能力是在愿意写、乐于写的过程中培养的，就像孩子的说话能力不是技术练出来的。孩子说了六七年的话，家长没有教过一个说话的技巧，然而每个孩子都掌握了必要的说话技巧。很多学生连必要的作文技巧和能力都没有，这不是说"教"的技巧不够，训练的力度不够，而是学生没有写的兴趣，没有用的兴趣，你给他一辆跑车、一架飞机，也等于一堆废铁而已。

（3）有一位老师长期教低年级，识字时讲形声字的概念，教学生区分左形右声、右形左声等专业知识，孩子对形声字非常感兴趣，也掌握得很好。由此，有人认为，低年级的写话也可以教作文知识。这个类比的不确定性在于，形声字的判别只是知识的使用，浅层次的；写作知识的使用则是能力的转换，它是灵活的，创造性的。我们可以教给学生比喻、拟人等这样的修辞知识，但学生不会因为知道了这个修辞知识，而能更好地表达。学生写话中出现了比喻，用力夸，这是三年级的学生才会用的比喻，这是四年级学生才会用的拟人，你们二年级太牛了。不要正儿八经地讲比喻、拟人或排比。老师夸了，就会有学生注意，就会有学生模仿。夸，对于低年级的孩子来讲，就是最好的"教"。

徐老师还有一个纠结：学生的写话兴趣和写话能力都不错，我怎么在课堂上展示出来呢？徐老师说的"展示"指公开课。很多好东西不能用当前流行的公开课展示出来。我不否认公开课是一个很好的促进教师专业发展的平台。然而我们同样不能否认，公开课也有它够不着的地方，它不能全方位地展示一个老师的所有教学经验。不要神化公开课。

徐老师教二年级还没到一个学期。实践和研究有"水到渠成"的自然规律，强行突破并不是好事情。这个成名要早的年头，耐心点，慢一点，已经成了最奢贵的品质。

第 *59* **问：** 为了发表，学生抄袭作文怎么办?

河北于老师：连着三期《周报》上没有她的作文，第四期终于发表了，却被举报抄袭的，我该怎么办？

答：

这事儿我也遇到过，不止一次地遇到过。我的第一反应，这是《班级作文周报》办得不错的标志。你想，要不是《班级作文周报》有那么大的吸引力，谁愿意冒着抄袭的危险——注意，抄袭的作文要在《周报》上公开发表，有那么多同学、那么多老师、那么多家长会看到，那么多双眼睛盯着扫描，里面的血管、血丝、血小板都能照得出来啊。

学生作文的抄袭事件，90％以上由同学举报。老师和家长都很少去看小学生优秀作文选之类的。同学过来跟我说："管老师，这篇作文是抄袭的！"我会装出很吃惊的样子："不可能吧，我们班的同学怎么可能抄袭作文？这有多丢脸，丢自己的脸，也丢我们班的脸啊，《班级作文周报》是我们班的名片、脸面啊。"这就把《周报》的重要性提到了班级荣誉的高度，学生也会把老师的话传到班级里去。

举报的同学肯定会争辩：肯定是抄袭的，我有证据。

我请举报者拿证据来。学生可能带来了，也可能要回家拿证据，也可能要上网截图下载证据。证据拿来了，我会仔细地阅读，仔细地比较，嘀咕哪些是完全一样的，嘀咕真的不敢相信真的是抄袭的（这些都可以为这位同学后面的写作文，提供有力的材料）。然后我咨询学生，怎么处理这个事情。我先给出两个意见：（1）就当不知道，给那位同学一个机会。（2）要抖出来，不然其他同学也会这样。

我和前来举报的同学探讨（举报的同学一般会邀请好朋友一起来），我会把握住一个意思，这个事情要抖出来；抖出来后，抄袭的同学那里我会安抚好。因为看到《班级作文周报》的不只是我们班的同学，还有其他班的同学，还有各位家长，还有其他老师，我们自己不抖出来，其他人发现了，抖出来了，或在背后议论了，那对《班级作文周报》的名誉很有损害。

怎么"抖"出来呢？

学生会说，管老师你在班上说一下。我说，那不行，我说了，班上的同学知道了，其他班的同学不知道，他们还是会在背后说三道四的。我跟前来举报的同学约稿，请他就自己怎么发现抄袭的前前后后，以及他对抄袭的看法写一篇作文，发在《班级作文周报》上，那样不只对全班同学有一个交代，其他班的学生以及家长、老师看到了，也会明白我们是认真的，有错就指出来，不包庇的。

这位同学指出抄袭的作文在《周报》上发表出来后，我会跟抄袭同学谈话，问他有没有这样的事情。学生承认后，我跟他说，看到抄袭我不难过，还有点开心，因为我看到你内心非常想发表，你只是发动机开动后，行驶的方向错了，只要掉过头来就好了。我约抄袭者写一篇作文，就抄袭的事情以及现在"东窗事发"后的感受写下来，让"事故"成为"故事"，光明正大地发在《班级作文周报》上，用这一篇自己写的作文替代前面的那一篇抄袭的——发表作文会得到一张"刊用纪念卡"，抄袭的那一篇的"纪念卡"不用退回，后面那篇的"纪念卡"也不发了。

处理这类事情，我有两点原则：（1）老师不直接出面，而是让同学出面，抄袭的同学对老师不会有什么对立情绪。（2）以作文的方式来解决，多了一次写的机会。一个延续性的作文故事，也会增加《班级作文周报》的吸引力。

另有一种情况，抄袭的作文不是班上的学生发现的，而是老师发现、家长发现、其他班的同学发现的。自己班没人发现，怎么办？

我会私下里告诉两个同学：听说某某的作文抄袭的，我有点不相信，你们帮我查一下。这两个小伙伴一查，惊讶地告诉我，真的，真是抄袭的。于是我约请这对好伙伴合作写一篇作文来"揭露"。

如此处理，出现一次后少有人干第二次。偷偷摸摸抄袭了，要是不发表出来，那等于当了一回小偷，惊慌失措地，结果什么也没有偷着；要是发表出来，背后有那么多双眼睛盯着，更糟糕，更危险。

第60问： 数学老师怪《班级作文周报》 占时太多，怎么办?

四川丁老师：期中考试数学不理想，数学老师怪学生写作文、发作文、办《班级作文周报》占时多，怎样得到数学老师的理解与支持？

答：

办《班级作文周报》，增加了老师的负担，而不是学生的负担。每个星期老师都要编辑、排版、打印《周报》；学生每天写三五行的素材，每周写一篇作文，不办《班级作文周报》，学生也要写大作文、小作文，还要写周记，学生的作文量，一点也不比办《周报》的少。

数学老师的错觉在于，以前学生写作文大多愁眉苦脸，不像现在这样激情昂扬，不像现在这样说"我有材料写了""我要写这个事"。学生写作文的发动机点燃了，学生的心里有"作文"了。数学老师的想法可以理解，人嘛，喜欢把责任推到外面，自己的压力可以小一点。理解归理解，但数学老师的想法是错误的。学生喜欢作文了，对作文有热情了，时间上倾向作文，数学老师最要做的，自己想办法找出好玩的招，把学生的注意力吸引过来。每个任课老师都开足马力、动足脑筋，想办法吸引学生，那才是比较好的状态。数学成绩不好，怪学生投入作文的时间精力多，有一天语文成绩不好，是不是也可以怪数学应用题出得太有趣，英语老师激励有一套？显然滑稽荒诞了。丁老师的提问，直指数学老师，英语老师没有反应，英语成绩没有受到什么影响，那就更说明数学老师的责怪有点无厘头。

数学和英语都呈现出下降的趋势，那么《周报》也许确有"责任"，这也充分说明，《周报》的影响力太大了。真是这样，作为语文老师，首先不是烦恼，而是喜悦，因为我们终于找到了一个有效的方式，让学生喜欢语文胜过了喜欢数学和英语，让学生学习语文的热情超过了数学和英语。喜悦过后，我们再冷静地来看待、探讨。语文老师自己不要把矛头指向《班级作文周报》，那是数学老师的心态问题、责任观问题，只是数学老师的矛头指向了《班级作文周报》。不管谁对谁错，麻烦还在那里等着解决，怎么办？我给出三个疏通的渠道。

渠道一：数学老师那头。

要心平气和地跟数学老师沟通。语文老师一般兼班主任，可以以班主任的身份回复，这次数学成绩不太理想，我也很着急，也在分析情况找原因，后面会利用班会教育学生多复习数学，及时完成数学作业。同时解释好，每日素材只要写五六行，不是写作文，只是收集素材，加上其他作业也就半小时左右。星期五语文课上，学生从收集的素材里选一个写作文，平时并不占学生多少时间。数学的文字理解题，学生做错了，往往是理解有偏差，作文写好了，理解能力差不到哪里去。有机会，还要告诉数学老师，《班级作文周报》记录学习生活中同学间的小打小闹，保存里面的点点滴滴，这不只是语文老师的事，也是班主任的事。《周报》不只写作文，也在给孩子做一份真实恒久的童年档案。《周报》是语文老师兼班主任双重身份来做的。

渠道二：语文老师自身。

日常办《班级作文周报》要低调一点。不要在办公室说学生的作文多么有趣，多么好玩，学生又写了多少素材。数学老师说学生在作文上投入的时间精力多，有可能是数学老师看到的，也有可能是其他语文老师传出去的。数学老师自己看到的，那说明数学老师很关注《周报》，建议"每日素材"可以定向写"我们的数学故事""我的数学经验""我们班的数学王子"，《班级作文周报》时不时发表"数学作文"（当然也可以是"英语作文"），学生夸数学老师，拍照发给他，数学老师渐渐会接受《周报》。总之，数学老师埋怨《周报》，数学成绩下降只是一根导火索，还有一些其他的原因，诸如作文里整天写语文老师怎样怎样，好像整个班级只有一个语文老师。

渠道三：学生那头。

告诫学生，绝不可以在数学课上看《周报》，写素材，否则"格杀勿论"。数学老师怪罪于《周报》，也许有学生曾在数学课上看《周报》，也许还在数学课上记录一个忽然想到的素材。数学老师必然很生气：都是《周报》害的，害得学生数学课都不好好上了。学生作文用手机上的讯飞语音输入，这样，学生会朗读好自己的作文，朗读本身就是一项重要的语文能力，朗读又是很好的修改途径。但智能手机不能带到班级来，会使学生分心，这一点如有发生，要马上下禁令。

我愿意把数学老师的"责怪""埋怨"，理解成《班级作文周报》的初见成效，俘获了学生的心，于是有了数学老师的"妒忌"。想要做一点真正的改革，所遇到的麻烦有我们想到的，更有我们想不到的。有的时候做不下去是做得不好，人家说三道四，只好放弃了；有的时候恰是做得太好，人家阴阳怪气，于是不敢放手干了。有一本书叫《教学勇气》。教学改革首先需要的不是学识，而是胆识，"胆量"的"胆"。

第 61 问： 作文热情太高影响其他学科，怎么办？

重庆张老师：孩子发疯似的写"每日素材"，不少孩子每天写两三页，我又喜又忧。喜的是教语文这么多年，从来没有遇到这样为"写"疯狂的；忧的是会不会影响其他学科的学习。

答：

年初六，阳光明媚，大学毕业的学生约我在古镇同里喝茶。聊到小学的时光，学生半认真半开玩笑地讲，要不是当年太喜欢语文、太喜欢作文，可以考上更好的大学，小学里在语文上尤其作文上，花的时间实在太多了。

学校教学采用分科制，语文老师教语文，数学老师教数学，英语老师教英语，语文数学英语老师之间不说"老死不相往来"，至少都各自为政，各自为战，各自希望自己的成绩能在平行班里名列前茅。语文老师管语文成绩好，数学老师如是，英语也是。小学老师时常忘了，一个语文不错、数学不好的学生，他的当务之急不是去花更多的时间去扬"语文"的长，而是要补"数学"的短，补一下数学有可能比较轻松地提高 10 分；而扬"语文"的长，花的时间再多也只能提 3 分，谁叫他的语文成绩已经 90 多了呢。中考、高考都看语数英的总分。

不要以为学生不愿意写才是个问题，学生的写作热情太高了，也是个不小的问题。当年我曾自私地以为，语文老师这么努力地调动学生作文的兴趣，那数学老师、英语老师也应该这样啊。不能语文老师的教学有成效就埋怨他啊。后来我才知道这样的想法对学生的均衡发展有多大的伤害，对学生的未来的关键转折点——高考有多大的伤害。

办《班级作文周报》还不到一年的张老师，居然发现了我多年后才醒悟过来的问题。我给张老师支招。

（1）班上的"班级小作家""班级大作家"，要适时、适当"打压"一下，给他们的作文降一降温。如，老师尽量不在他们的"每日素材"本上留言，充耳不闻，他们的热情会冷一冷。

（2）开展的作文活动，可以提出"班级小作家""班级大作家"不用参加。可以聘请他们当活动的顾问、评委之类的。既有面子，又不用花多少时间。班级小作家们也想停下来喘口气，只是不甘心，写作的亢奋与焦虑并存。

（3）偏科语文的作文优等生，可以跟他们私下达成协议，数学考上了 90 分，才可以出你的"小作家专刊"。这事如能跟数学老师取得一致，那更好，这也是语数英老师在教学上最美好的合作。语文老师的眼里学生不只学语文，还有重要的数学和英语，数学和英语加起来的重量远超过语文。语文老师能"放下"自己的语文本位主义，这是胸襟，也是看不见的大爱。

（4）语文老师一般都是班主任，每个月可以要一次数学成绩和英语成绩，汇总三科的总分。写作热情高涨而三科总分不好的学生，可以约来谈话，用事实说话，告诫他们一定要学好数学、学好英语。写作尖子生对语文老师"亲"，语文老师"管"他的数学学习，比家长要他学好数学、数学老师要他学好数学，更能听到心里去。

说到这里，不少老师会饶有兴趣地问，张老师怎么做到让学生有这么大的写作热情呢？据我的观察，张老师有如下"法宝"。

（1）她如痴如醉地办《班级作文周报》，她的痴迷影响着学生，她的热爱影响着学生。暑假参加培训，为了开学能顺利办出来，8 月份她通过网络联系家长和学生，试办了好几期。

（2）每天早上，群里总能看到张老师的随笔，大部分关于"每日素材"、《班级作文周报》的。一个人每天都能静下来想一想，自己哪些地方做得好，哪些地方做得不好，同样的事她一定比别人做得好，能做到别人想不到的高度。

（3）每天批阅到有趣的、有意思的素材，张老师总会拍了传到群里，跟我们分享。她是如此看重素材，学生自然也看重素材。

（4）张老师自己每天都写，她对文字的那份热爱也会传染给学生。

（5）作文里学生一会儿称张老师"张灭霸"，一会儿又叫"亲爱的张张"；一会儿对张老师的"不法行为"暴跳如雷，一会儿又对亲爱的张老师温言软语。在张老师那里，学生是安全的、自由的，彻底打开心扉的。学生会写自己怎么暗暗喜欢一个女生，写完后跟张老师说，只给你看，不许给任何人看。作文的世界里，张老师完全成了他们最可信赖的人，作文，最重要的是有安全感，学生能畅所欲言。

（6）张老师总在密切地关注学生的写作状态，她总在研究学生，根据学生的状况来调整策略。一时想不明白的，就在群里咨询和探讨。

前面我说过，霍元甲用10年创立的迷踪拳，徒弟用几年能学精学透？很多人一辈子都学不精学不透，陈真却可以在不长的时间里学精学透。张老师就是陈真式的人物，遇到她我很自豪。

后记

有一种偶然叫"必要"

这本书实在偶然，又实在必要。

《我的作文教学革命》初版于 2007 年，2010 年跟《我的作文教学主张》《我的作文教学故事》形成系列出第二版。《我的作文教学革命》重印了十多次，我很开心，老师们照着书也能干"革命"。"我们班也写每日素材的""我们班也办作文报的"，又陆续听老师说，"我们也办过作文报""作文报办不下去了"，我简单地以为，老师们没韧劲，我有什么办法呢。

2014 年，和祖庆兄聊天，我们有一个共识，不能自己一个人干，要一群人一起干，才是真的好，才是真的有生命力。我们和行知教育的乔拓先生一拍即合，暑假举办"行知写作研习营"，每一期收几个看得中的徒弟，每一个徒弟都是一粒"革命"的火种。几天的"写作研习营"，选徒弟多少会偏颇，于是每一期"行知写作研习营"只收"见习徒弟"，好好干一年，第二年才转为"正式徒弟"。不是我们架子大，而是逼他们一把，只有走到深处，才有云淡风轻。我的转正条件"二选一"：一年办 35 期《班级作文周报》，或者，一年有 30 个作后讲评的课件。

用祖庆的话讲，我们自己给自己找了麻烦。那样一来，"见习徒弟"的动力足了，常名正言顺地来"骚扰"你，"骚扰"说明真去做了，做了自然会有问题；也只有经常"骚扰"老师，你才会关注他呀。一年里，我收到了很多见习徒弟（也有正式徒弟）的问题，起初我或留一段语音，或三言两语。不少问题有普遍性，索性当正事来回。我没有想到，不少不是问题的问题，对于新上岗的老师来讲是个不小的问题；我没有想到，不少我根本没有想到的、以为不是问题的问题，居然真的是不小的问题；我自以为写得蛮清楚的《我的作文教学革命》，居然还有那么多没有交代清楚的地方；我也终于明白，手把手地教，要教到这样细致的程度，你才算是真正的师父。

不到一年，有了这本书的雏形。我跟出版社的成知辛先生沟通，《我的作文教学革命》改为《我的作文教学革命（实操版）》，这本书就叫《我的作文教学革命（答疑版）》，两本书互为补充。辛老还是那个辛老，回了我三个字：没问题。

我自知，一路走来的我，浑身都是问题。感谢辛老，感谢朋友们，感谢家人，感谢一声声喊着"师父"的见习徒弟和正式徒弟，你们没把我的问题当成什么问题，于是我终于活出了一点自己的样子。

作者

2019 年 5 月 3 日，蔷薇花开，

院子里晒着被子，棉絮里有了阳光的味道